Impressum
Verlag: BABADADA GmbH, Nedderfeld 112 , 22529 Hamburg
Geschäftsführer / Verlagsleitung: Harald Hof
Druck: Books on Demand GmbH, In de Tarpen 42, 22848 Norderstedt

Imprint
Publisher: BABADADA GmbH, Nedderfeld 112 , 22529 Hamburg, Germany
Managing Director / Publishing direction: Harald Hof
Print: Books on Demand GmbH, In de Tarpen 42, 22848 Norderstedt

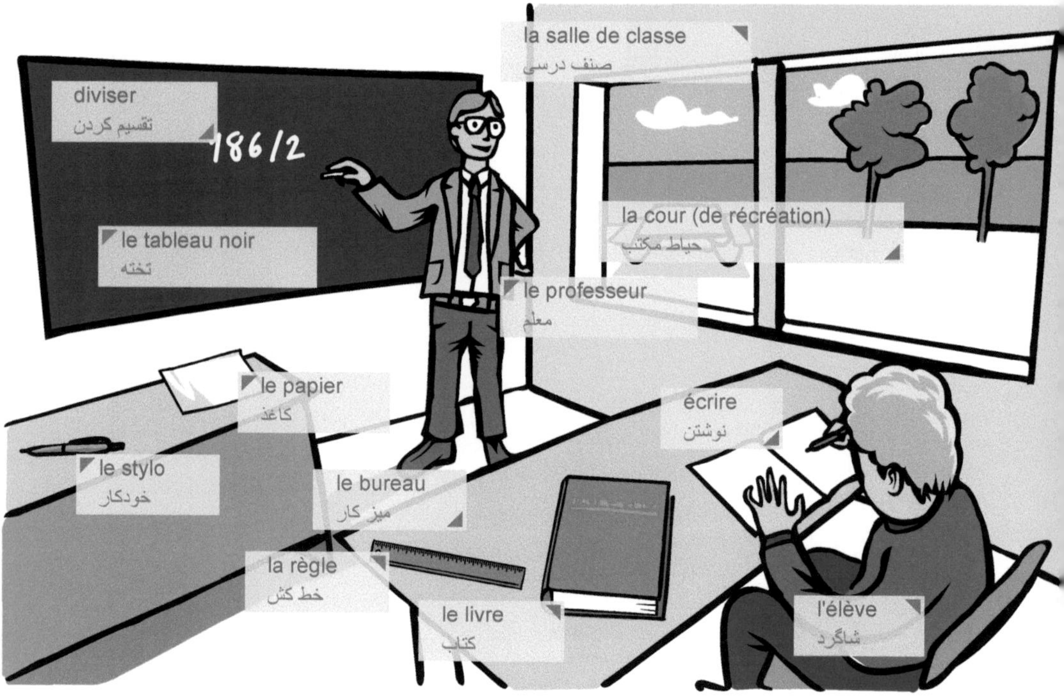

la salle de classe
صنف درسی

diviser
تقسیم کردن

186/2

le tableau noir
تخته

la cour (de récréation)
حیاط مکتب

le professeur
معلم

le papier
کاغذ

écrire
نوشتن

le stylo
خودکار

le bureau
میز کار

la règle
خط کش

le livre
کتاب

l'élève
شاگرد

le cartable

بیگ مكتب

la trousse

قلم دانی

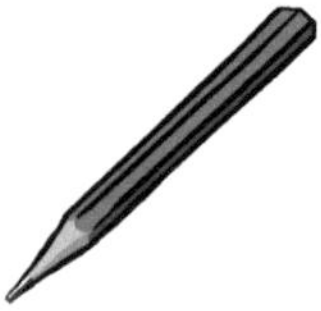

le crayon

پنسل

le taille-crayon

پنسل تراش

la gomme

پنسل پاک

le carnet à dessin

کتابچه رسم

le dessin

نقاشی

le pinceau

برس رنگ زنی

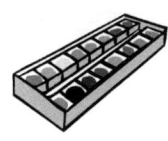

la boîte de peinture

بکسک رنگه

les ciseaux

قیچی

la colle

سریش

le cahier d'exercices

کتاب تمرین

les devoirs

کار خانگی

le chiffre

عدد

additionner

جمع کردن

soustraire

تفریق کردن

multiplier

ضرب کردن

calculer

حساب کردن

la lettre

حرف

l'alphabet

الفبا

le mot

کلمه

le texte

متن

lire

خواندن

la craie

تباشير

la leçon

درس

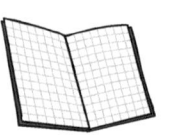

le livre de classe

ثبت نام

l'examen

امتحان

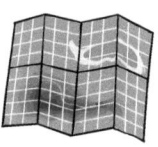

le certificat

تصدیقنامه

l'uniforme scolaire

یونیفورم مکتب

la formation

تحصیل

le lexique

دانشنامه

l'université

پوهنتون

le microscope

مایکروسکوپ

la carte

نقشه

la corbeille à papier

سبد کاغذ باطله

le voyage
سفر

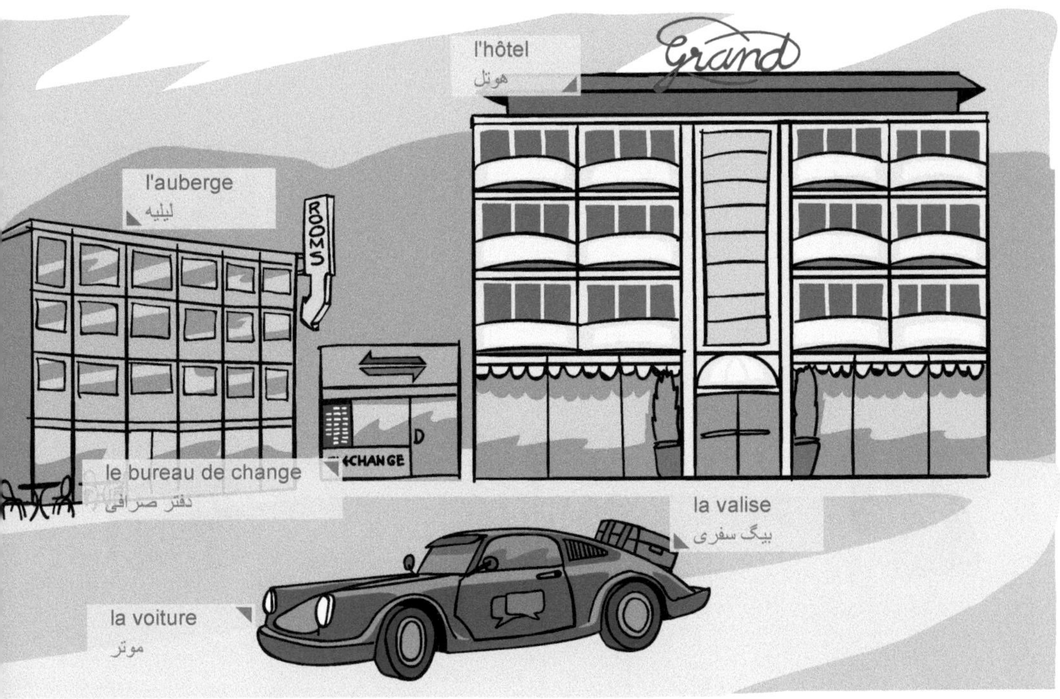

l'hôtel
هوتل
Grand
l'auberge
ليليه
ROOMS
le bureau de change
دفتر صرافی
CHANGE
la valise
بیگ سفری
la voiture
موتر

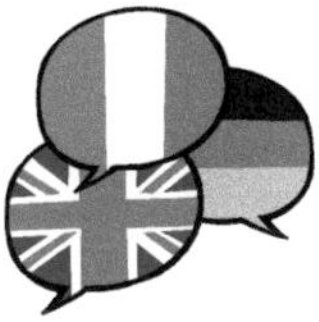

la langue
زبان

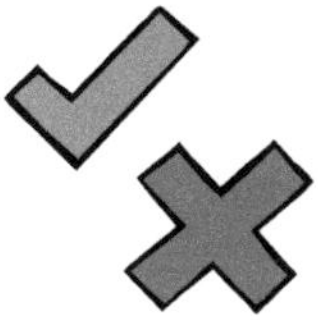

oui / non
بلی / نخیر

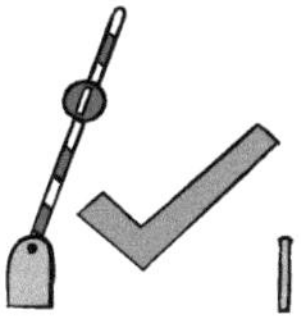

d'accord
بسیار خوب

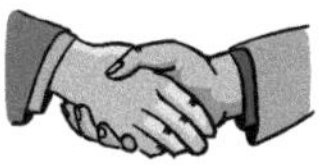

Salut
سلام

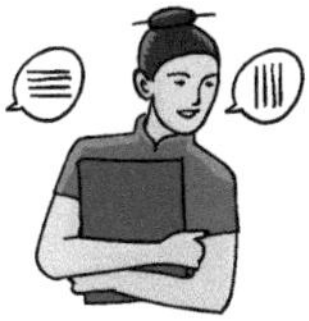

l'interprète
مترجم

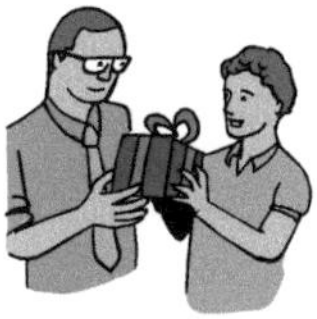

merci
تشکر از شما

Combien coûte...?

قیمتش چقدر است؟

Je ne comprends pas

نمی فهمم

le problème

مشکل

Bonsoir !

عصر بخیر! / شب بخیر!

Bonjour !

صبح بخیر!

Bonne nuit !

شب بخیر!

Au revoir

خداحافظ

la direction

مسیر

les bagages

بار مسافر

le sac

بیگ

le sac-à-dos

بیگ پشتکی

l'hôte

مهمان

la pièce

اطاق

le sac de couchage

بستره خواب سیار

la tente

خیمه

le voyage - سفر

l'office de tourisme

معلومات توریستی

la plage

ساحل

la carte de crédit

کریدیت کارت

le petit-déjeuner

صبحانه

le déjeuner

طعام چاشت

le dîner

غذای شام

le billet

تکت

l'ascenseur

لفت

le timbre

مهر

la frontière

مرز

la douane

گمرک

l'ambassade

سفارتخانه

le visa

ویزه

le passeport

پاسپورت

le transport

حمل و نقل

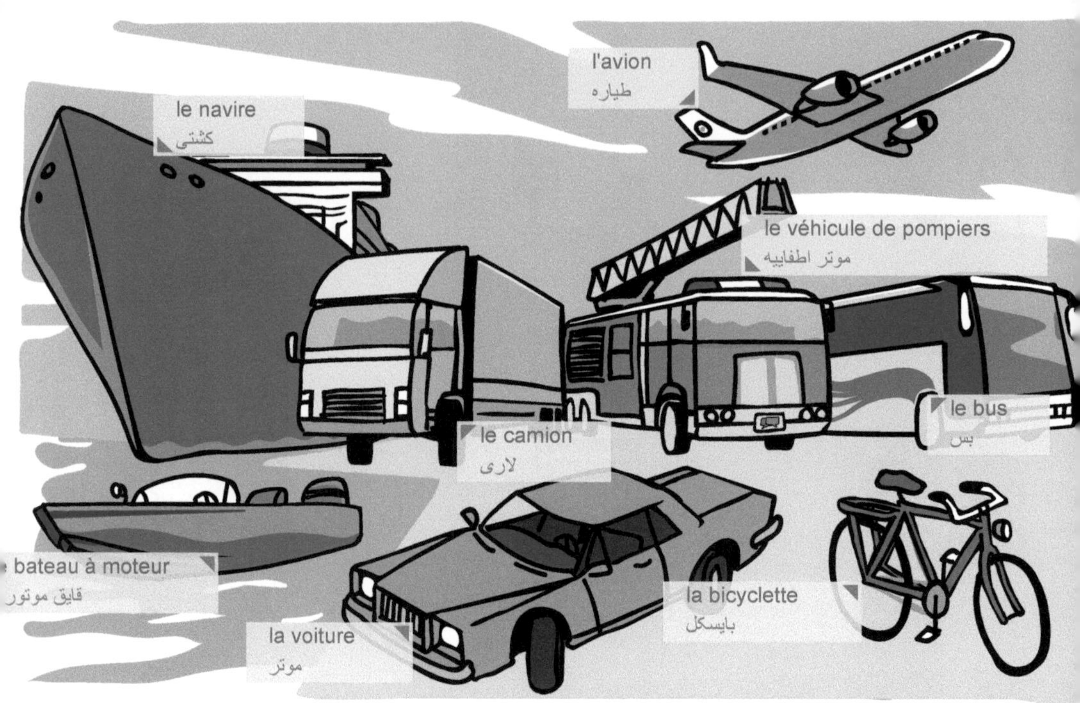
l'avion
طیاره
le navire
کشتی
le véhicule de pompiers
موتر اطفاییه
le camion
لاری
le bus
بس
bateau à moteur
قایق موتور
la bicyclette
بایسکل
la voiture
موتر

le ferry

کشتی

la barque

قایق

la moto

موترسایکل

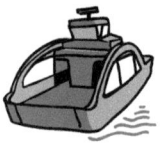

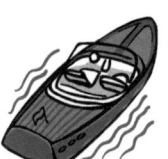

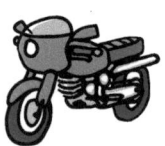

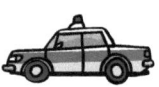

la voiture de police

موتر پولیس

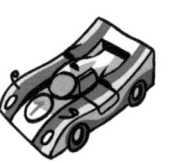

la voiture de course

موتر مسابقه

la voiture de location

موتر کرایی

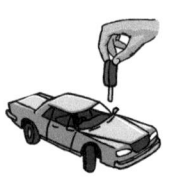

l'auto-partage

اشتراک وسایط

la voiture de remorquage

جرثقیل

la benne à ordures

موتر حمل زباله

le moteur

موتور

l'essence

تیل

la station d'essence

تانک تیل

le panneau indicateur

علامت ترافیکی

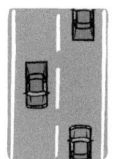

le trafic

عبور و مرور

l'embouteillage

راهبندان

le parking

پارک وسایط

la gare

ایستگاه ریل

les rails

خط ریل

le train

ریل

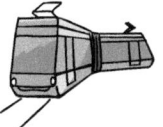

le tramway

ریل برقی

le wagon

واگن

l'hélicoptère

هلیکوپتر

l'aéroport

میدان هوایی

la tour

برج

le passager

مسافر

le conteneur

کانتینر

le carton

کارتن

le chariot

گادی

la corbeille

سبد

décoller / atterrir

پرواز کردن / فرود آمدن

la ville

شهر

le village

قریه

le centre-ville

تیاتر شهر

la maison

خانه

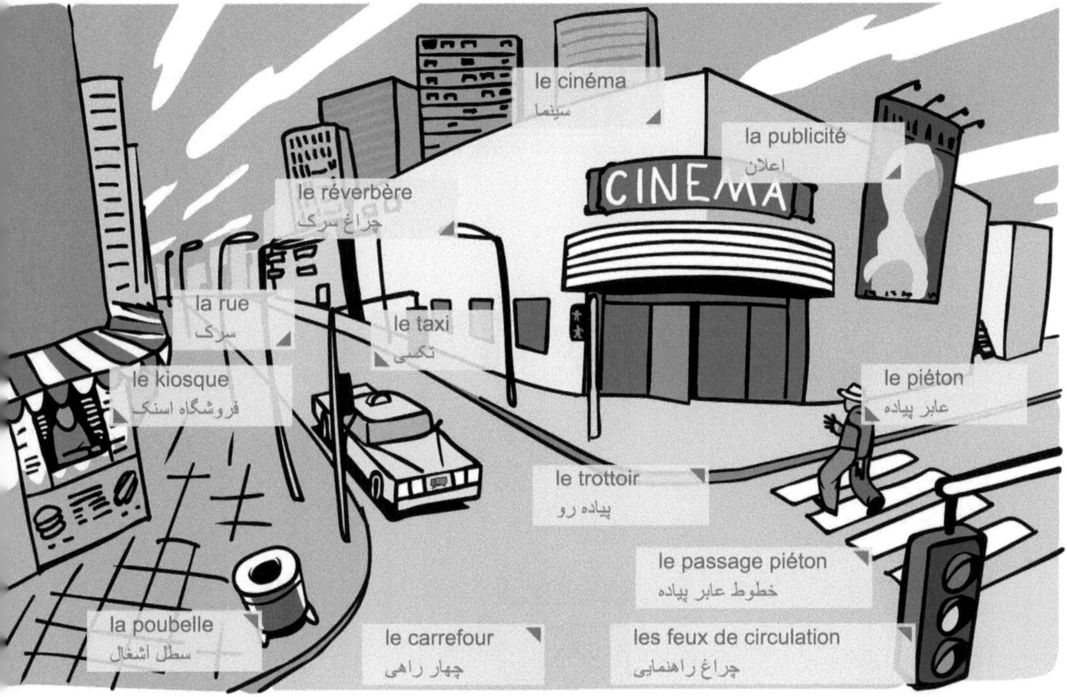

le cinéma
سینما

la publicité
اعلان

le réverbère
چراغ سرک

la rue
سرک

le taxi
تکسی

le kiosque
فروشگاه اسنک

le piéton
عابر پیاده

le trottoir
پیاده رو

le passage piéton
خطوط عابر پیاده

la poubelle
سطل آشغال

le carrefour
چهار راهی

les feux de circulation
چراغ راهنمایی

la cabane
کلبه

l'appartement
آپارتمان

la gare
ایستگاه ریل

la mairie
تالار شهر

le musée
موزیم

l'école
مکتب

la ville - شهر

l'université

پوهنتون

la banque

بانک

l'hôpital

شفاخانه

l'hôtel

هوتل

la pharmacie

دواخانه

le bureau

دفتر

la librairie

کتابفروشی

le magasin

مغازه

le fleuriste

گل فروشی

le supermarché

سوپر مارکیت

le marché

فروشگاه

le grand magasin

فروشگاه

la poissonnerie

ماهی فروشی

le centre commercial

مرکز خرید

le port

بندر

le parc

پارک

la banque

دراز چوکی

le pont

پل

les escaliers

زینه ها

le métro

مترو

le tunnel

تونل

l'arrêt de bus

ایستگاه بس

le bar

میخانه

le restaurant

رستورانت

la boîte à lettres

صندوق پست

le panneau indicateur

علامت سرک

le parcmètre

ماشین پارکو متر

le zoo

باغ وحش

le réverbère

حوض آببازی

la mosquée

مسجد

la ville - شهر

13

la ferme

مزرعه

la pollution

آلوده گی

la cimetière

قبرستان

l'église

کلیسا

l'aire de jeux

میدان بازی

le temple

معبد

le paysage

چشم انداز

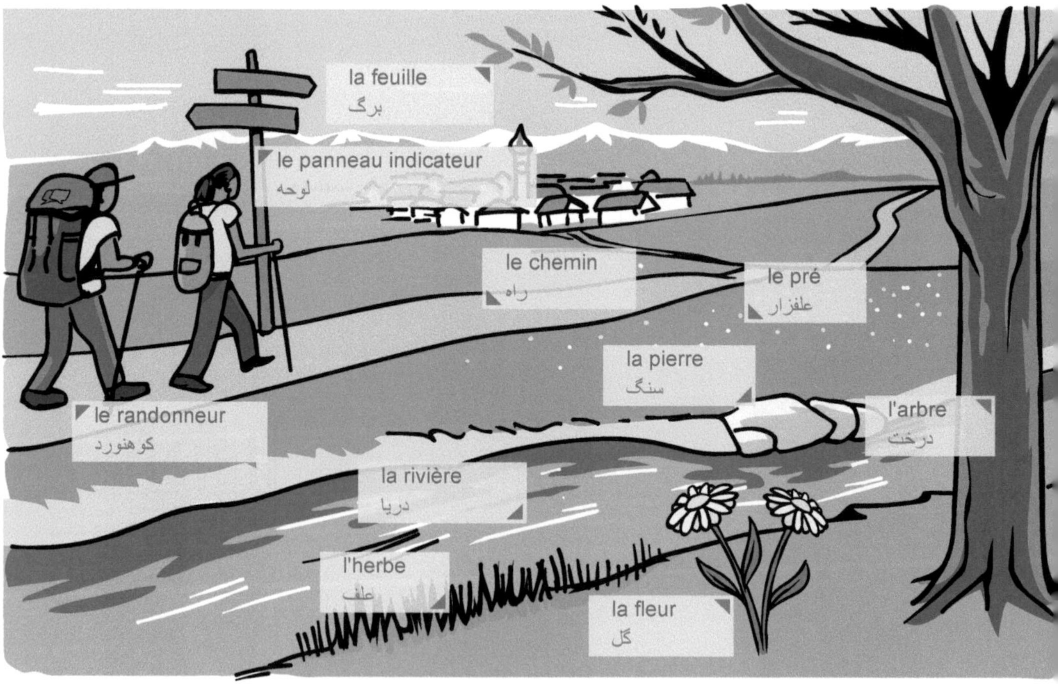

la feuille
برگ

le panneau indicateur
لوحه

le chemin
راه

le pré
علفزار

la pierre
سنگ

l'arbre
درخت

le randonneur
کوهنورد

la rivière
دریا

l'herbe
علف

la fleur
گل

la vallée

دره

la montagne

تپه

le lac

دریاچه

la forêt

جنگل

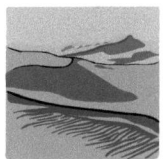

le désert

صحرا

le volcan

آتشفشان

le château

قلعه

l'arc-en-ciel

رنگین کمان

le champignon

سمارق

le palmier

درخت آلو

le moustique

پشه

la mouche

مگس

les fourmis

مورچه

l'abeille

زنبور

l'araignée

عنکبوت

le coléoptère

قانغوزک

la grenouille

بقه

l'écureuil

موش خرما

le hérisson

خارپشت

le lièvre

خرگوش صحرایی

la chouette

بوم

l'oiseau

پرنده

le cygne

مرغابی

le sanglier

خوک وحشی

le cerf

گوزن

l'élan

گوزن شمالی

le barrage

بند آب

l'éolienne

توربین بادی

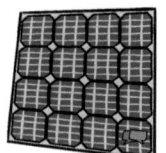

le panneau solaire

صفحه خورشیدی

le climat

آب و هوا

le restaurant

رستورانت

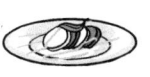

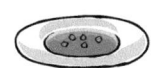

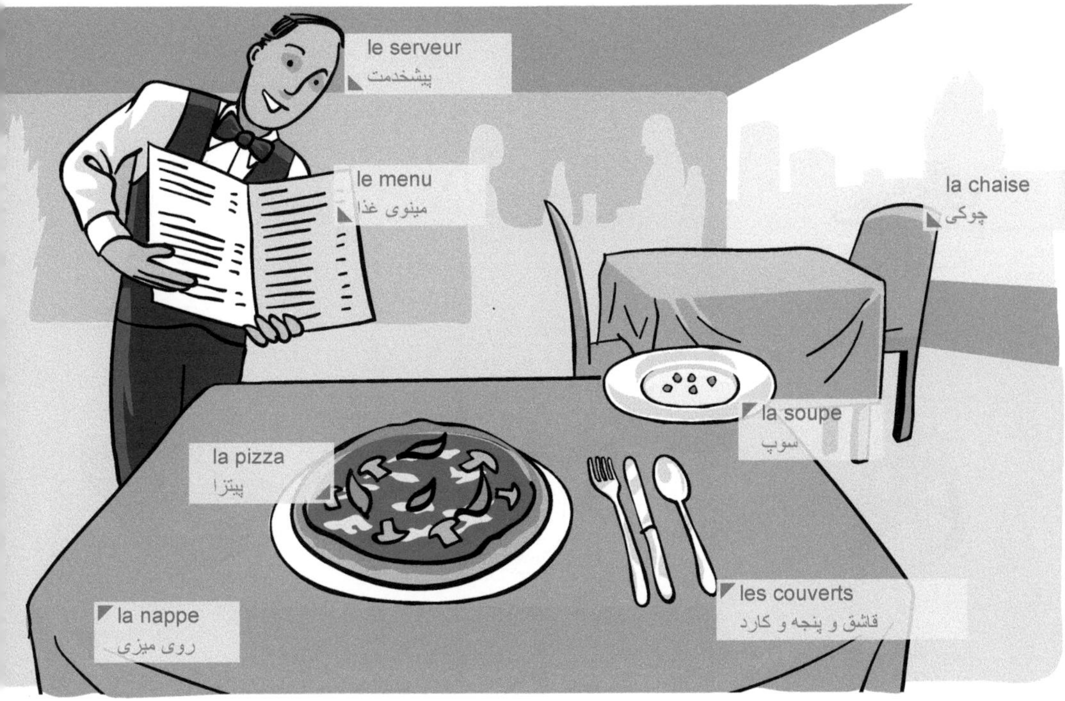
le serveur
پیشخدمت
le menu
مینوی غذا
la chaise
چوکی
la soupe
سوپ
la pizza
پیتزا
les couverts
قاشق و پنجه و کارد
la nappe
روی میزی

les hors d'œuvre

پیش غذا

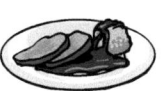

le plat principal

غذای اصلی

le dessert

شرینی

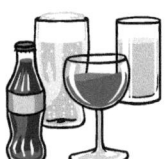

les boissons

نوشیدنی ها

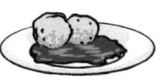

l'alimentation

غذا

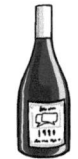

la bouteille

بوتل

le fast-food

فاست فود

les plats à emporter

غذای کنار سرک

la théière

چاینک/ترموز

le sucrier

قندانی

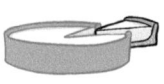

la portion

بخش غذا

la machine à expresso

دستگاه اسپرسو

la chaise haute

چوکی بلند

la facture

بل

le plateau

پطنوس

le couteau

چاقو

la fourchette

پنجه

la cuillère

قاشق

la cuillère à thé

قاشق چای خوری

la serviette

دستپاک دسترخوان یا میز

le verre

گیلاس

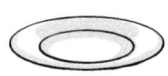

l'assiette

بشقاب

l'assiette à soupe

بشقاب سوپ

la soucoupe

نعلبكى

la sauce

چتنى

la salière

نمکدان

le moulin à poivre

آسياب مرچ

le vinaigre

سرکه

l'huile

روغن خوراکى

les épices

ادويه

le ketchup

کچاپ

la moutarde

ساس خردل

la mayonnaise

مايونز

le supermarché

سوپر مارکیت

l'offre promotionnelle
پیشنهاد خاص
FOR
le client
مشتری
les produits laitiers
لبنیات
les fruits
میوه
le chariot
چرخ دستی

BUTCHERS

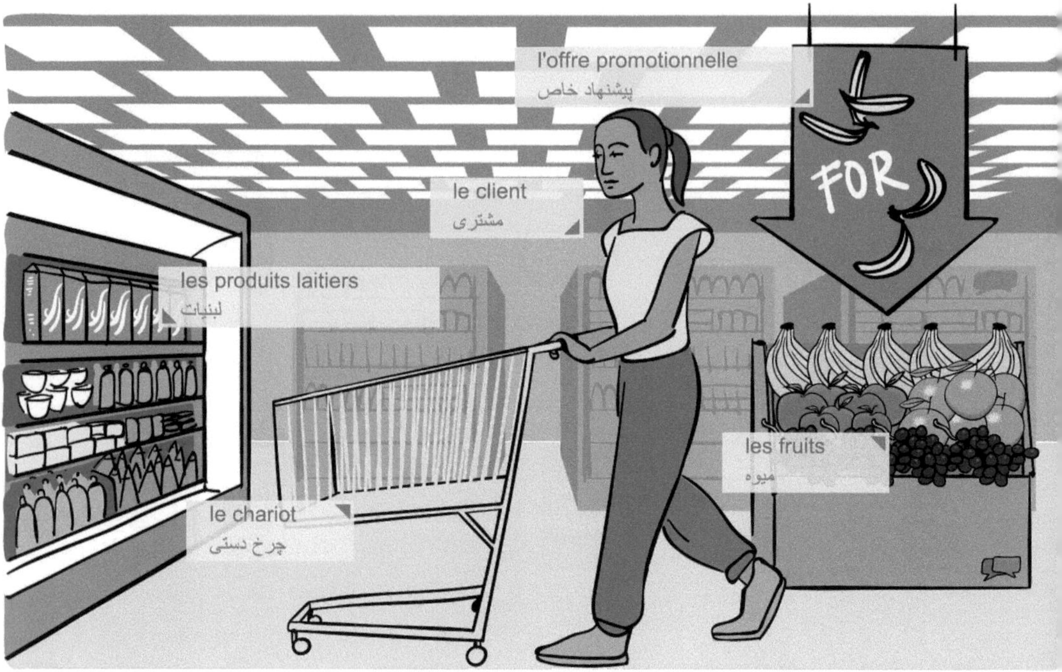

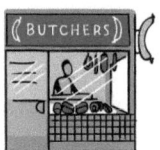

la boucherie

قصابی

BAKERY

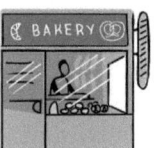

la boulangerie

نانوایی

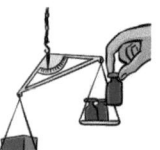

peser

وزن کردن

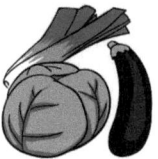

les légumes

سبزیجات

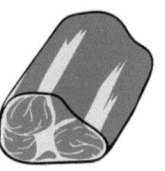

la viande

گوشت

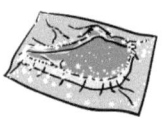

les aliments surgelés

غذای منجمد

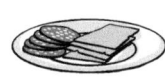

la charcuterie

غذای سرد

les conserves

غذای کنسر شده

la poudre à lessive

پودر رختشویی

les bonbons

شیرینی

les articles ménagers

لوازم خانگی

les détergents

محصولات پاک کننده

la vendeuse

فروشنده

la caisse

دخل پیسه

le caissier

صندوقدار

la liste d'achats

لست خرید

les heures d'ouverture

ساعات کاری

le portefeuille

بکسک جیبی

la carte de crédit

کریدیت کارت

le sac

بیگ

le sac en plastique

بیگ پلاستیکی

l'eau

آب

le jus de fruit

جوس

le lait

شیر

le coca

نوشابه

le vin

شراب

la bière

بیر

l'alcool

الکول

le chocolat chaud

ککو

le thé

چای

le café

قهوه

l'expresso

اسپرسو

le cappuccino

کاپوچینو

la banane

کيله

la pomme

سيب

l'orange

مالته

le melon

تربوز

le citron.

ليمو

la carotte

زردگ

l'ail

سير

le bambou

چوب خيزران

l'oignon

پياز

le champignon

سمارق

les noisettes

مغزيات

les pâtes

آش

les spaghetti

مکرونی

le riz

برنج

la salade

سلاد

les pommes frites

چیپس

les pommes de terre rôties

کچالو سرخ کرده

la pizza

پیتزا

le hamburger

همبرگر

le sandwich

ساندویچ

l'escalope

کتلت

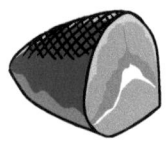

le jambon

همبرگر

le salami

سالامی

la saucisse

ساسیچ

le poulet

مرغ

le rôti

کباب

le poisson

ماهی

les flocons d'avoine

فرنی جو

le muesli

صبحانه رژیمی

les cornflakes

کورن فلکس

la farine

آرد

le croissant

کروسانت

les petits-pains

قرص نان

le pain

نان خشک

le pain grillé

توست / نان بریان

les biscuits

بیسکیت

le beurre

مسکه

le fromage blanc

چکه

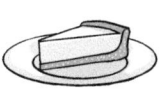

le gâteau

کیک

l'œuf

تخم مرغ

l'œuf au plat

تخم مرغ سرخ شده

le fromage

پنیر

la glace

آیسکریم

le sucre

شکر

le miel

عسل

la confiture

مربا

la crème nougat

مسکه چاکلیت

le curry

زردچوبه هندی

la ferme
خانه مزرعه

la grange
گودام غله

la botte de paille
خرمن گاه

le champ
زمین زراعتی

le cheval
اسب

la remorque
تریلر

le poulain
کره اسب

le tracteur
تراکتور

l'âne
خر

l'agneau
بره

le mouton
گوسفند

la chèvre

بز

la vache

گاو

le veau

گوساله

le porc

خوک

le porcelet

خوکچه

le taureau

گاو نر

l'oie

قاز

le canard

مرغابی

le poussin

چوچه مرغ

la poule

مرغ

le coq

خروس

le rat

موش صحرایی

le chat

پیشک

la souris

موش

le bœuf

گاومیش

le chien

سگ

le chenil

خانه سگ

le tuyau de jardin

خانه باغ

l'arrosoir

آبپاش

la faucheuse

داس

la charrue

قوليه كردن

la faucille

داس

la pioche

کج بیل

la fourche

چنگال باغبانی

la hache

تبر

la brouette

کراچی

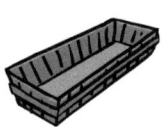

la cuve

تغار

le pot à lait

قوطی شیر

le sac

بوجی

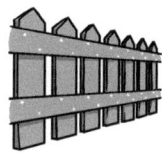

la clôture

دیوار مرزی از چوب یا سیم خار دار

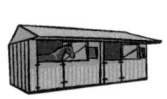

l'étable

پایدار

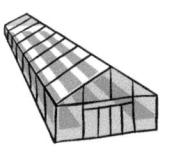

le serre

گلخانه

le sol

خاک

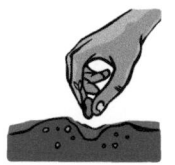

les semences

تخم

l'engrais

کود

la moissonneuse-batteuse

ماشین درو وخرمنکوبی

récolter

درو کردن

la récolte

درو

l'igname

کچالو شرین

le blé

گندم

le soja

سویا

la pomme de terre

کچالو

le maïs

جواری

le colza

کلزا

l'arbre fruitier

درخت میوه

le manioc

مانیوک

les céréales

غلات و حبوبات

la maison
خانه

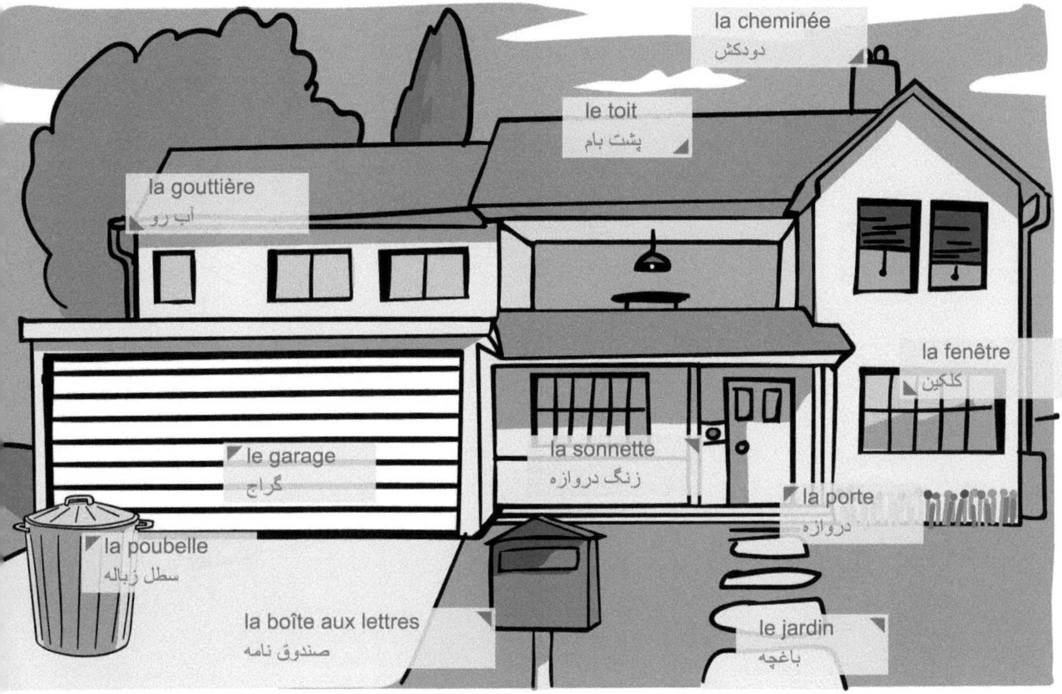

la cheminée
دودکش
le toit
پشت بام
la gouttière
آب رو
la fenêtre
کلکین
le garage
گراج
la sonnette
زنگ دروازه
la porte
دروازه
la poubelle
سطل زباله
la boîte aux lettres
صندوق نامه
le jardin
باغچه

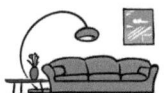

le salon

اطاق نشیمن

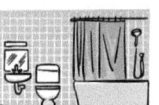

la salle de bain

حمام / دستشویی

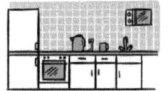

la cuisine

آشپزخانه

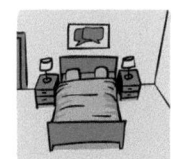

la chambre à coucher

اطاق خواب

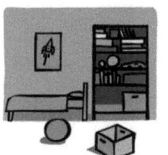

la chambre d'enfant

اطاق اطفال

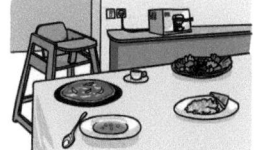

la salle à manger

اطاق پذیرایی

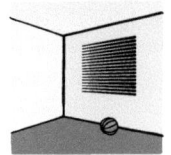

le sol

كف زمين

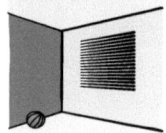

le mur

ديوار

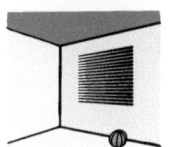

le plafond

سقف

la cave

گودام زیر زمینی

le sauna

سونا

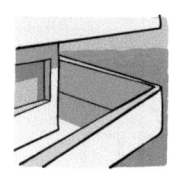

le balcon

بالکن

la terrasse

برنده / بالکن

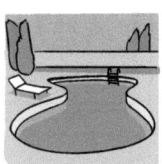

la piscine

حوض

la tondeuse à gazon

ماشین درو کردن چمن

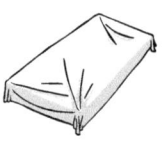

la housse

ورق کاغذ

la couette

روجایی

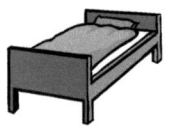

le lit

تختخواب

le balai

جارو

le sceau

سطل

l'interrupteur

سویچ

Illustration labels

le papier peint
کاغذ دیواری

l'image
تصویر

la lampe
چراغ

l'étagère
قفسه

l'armoire
کابینت

la cheminée
بخاری دیواری

la télé
تلویزیون

la fleur
گل

le coussin
بالشت

le sofa
کوچ

le vase
گلدان

la télécommande
ریموت کنترول

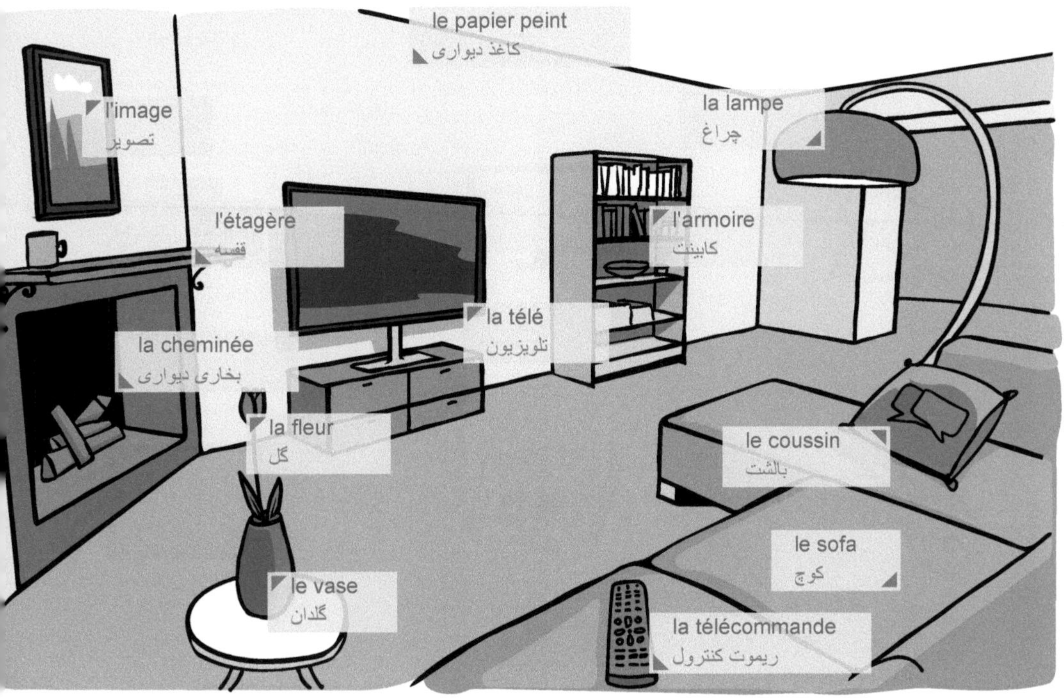

le tapis
فرش

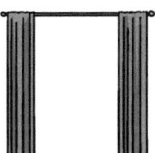

le rideau
پرده

la table
میز

la chaise
چوکی

la chaise à bascule
چوکی گهواره یی

le fauteuil
چوکی دسته دار

le livre

كتاب

la couverture

كمپل

la décoration

دكوراسيون

le bois de chauffage

هيزم

le film

فلم

la chaîne hi-fi

سيستم های فای

la clé

كليد

le journal

روزنامه

la peinture

تابلوی نقاشی

le poster

پوستر

la radio

راديو

le bloc-notes

دفتر

l'aspirateur

جاروبرقی

le cactus

كاكتوس

la bougie

شمع

la cuisine
آشپزخانه

le réfrigérateur
یخچال
le four à micro-ondes
منقل مایکروویو
la balance de cuisine
ترازوی آشپزخانه
le grille-pain
تستر
le détergent
مواد شوینده
le four
داش
le compartiment congélateur
یخ دانی
la poubelle
سطل زباله
le lave-vaisselle
ظرفشویی

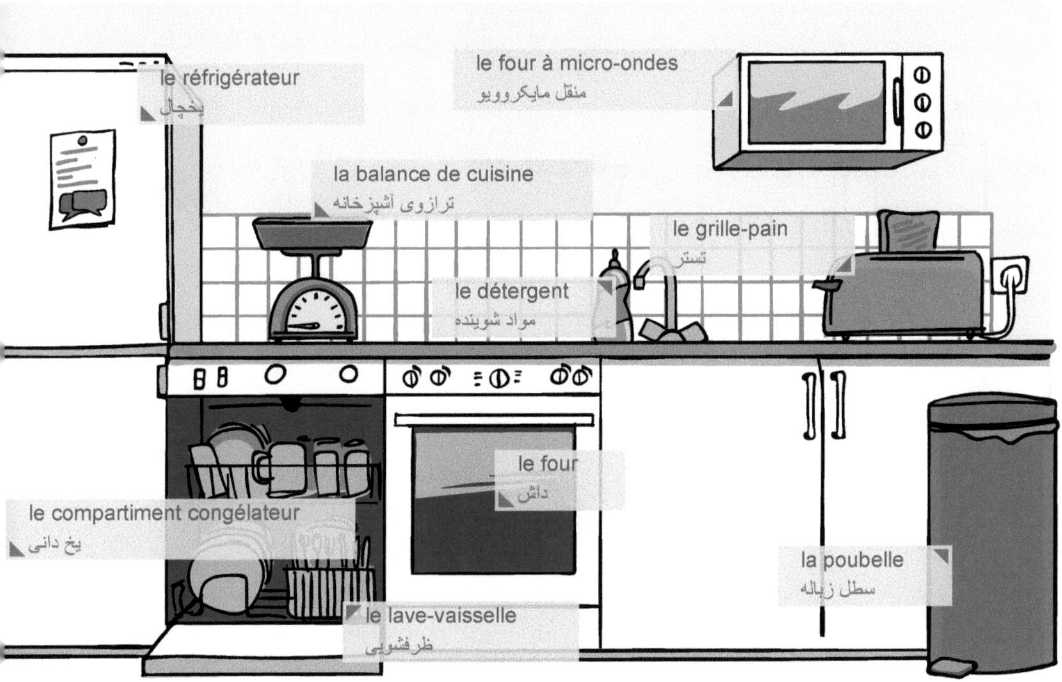

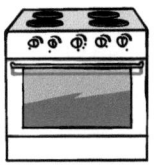

le four

منقل

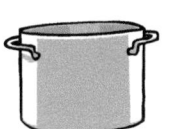

la casserole

دیگ

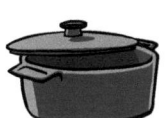

la marmite

دیگ چدنی

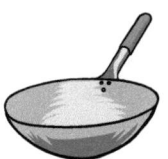

le wok / kadai

کراهی

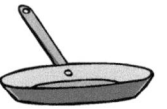

la poêle

تابه

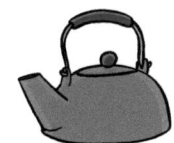

la bouilloire electrique

چای جوش

le cuiseur vapeur

بخارپز

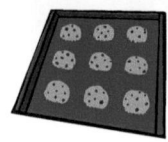

la plaque de cuisson

پطنوس طباخی

la vaisselle

ظروف

le gobelet

پیاله کلان

la coupe

کاسه

les baguettes

چاپستیک ها

la louche

ملاقه

la spatule

کفگیر

le fouet

مخلوط کننده

la passoire

چلو صاف

le tamis

غلبیل

la râpe

رنده

le mortier

هاونگ

le barbecue

بار بیکیو

la cheminée

آتش باز

la planche à découper

تخته برش

le rouleau à pâtisserie

آشگز

le tire-bouchon

سر بازکن

la boîte

قوطی

l'ouvre-boîte

سر باز کن

les maniques

دستگیره تکه ای

le lavabo

ظرف شویی

la brosse

برس ظرف شویی

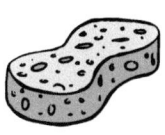

l'éponge

اسفنج

le mixeur

مخلوط کن

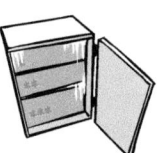

le congélateur

فریزر

le biberon

شیر چوشک اطفال

le robinet

نل آب

la salle de bain

حمام / دستشویی

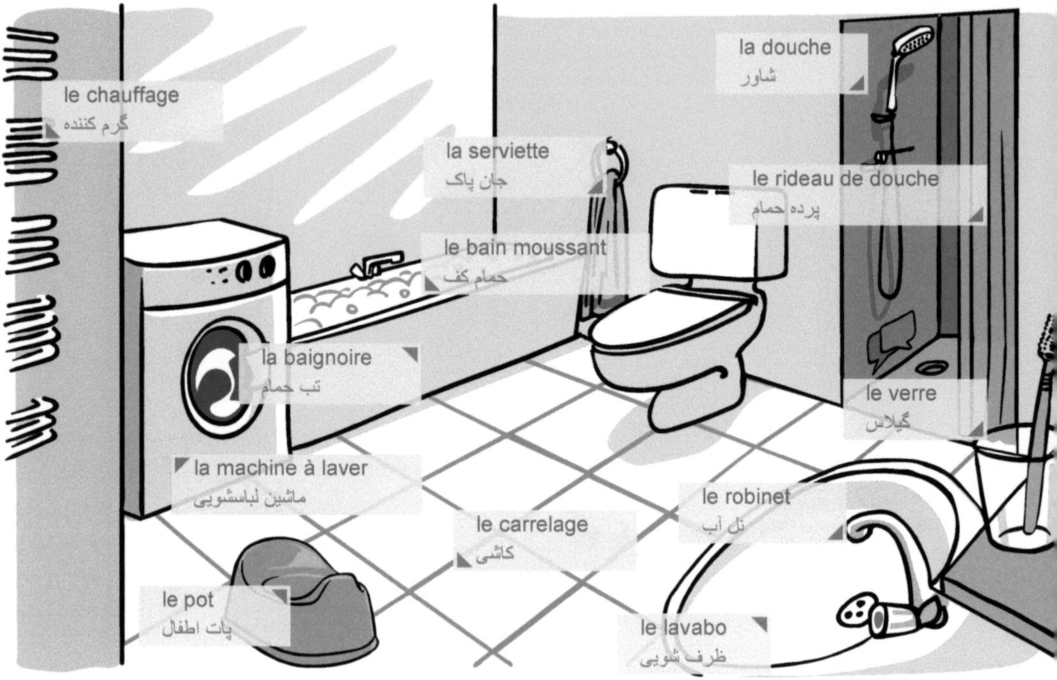

la douche
شاور
le chauffage
گرم کننده
la serviette
جان پاک
le rideau de douche
پرده حمام
le bain moussant
حمام کف
la baignoire
تب حمام
le verre
گیلاس
la machine à laver
ماشین لباسشویی
le robinet
نل آب
le carrelage
کاشی
le pot
پات اطفال
le lavabo
ظرف شویی

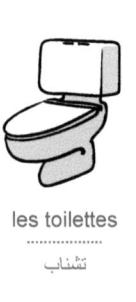

les toilettes

تشناب

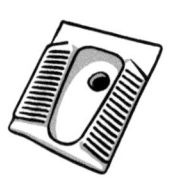

la toilette à la turque

کمود فرشی

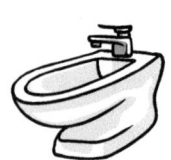

le bidet

کمود

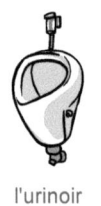

l'urinoir

تشناب مرد ها

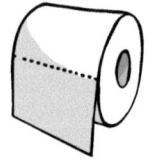

le papier toilette

کاغذ تشناب

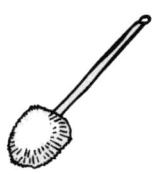

la brosse à toilette

برس کمود

la brosse à dents

برس دندان

le dentifrice

کریم دندان

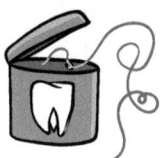

le fil dentaire

نخ دندان

laver

شستن

la douche manuelle

شاور دستی

la douche intime

شاور کمود

la vasque

دستشویی

la brosse dorsale

برس پشت

le savon

صابون

le gel douche

جل حمام

le shampooing

شامپو

le gant de toilette

لیف

l'écoulement

آب رو

la crème

کریم

le déodorant

بوزدا

le miroir

آینه

le miroir cosmétique

أینه دستی

le rasoir

ریش تراش

la mousse à raser

کف ریش تراشی

l'après-rasage

کلونیا

la peigne

شانه موی

la brosse

برس

le sèche-cheveux

سشوار

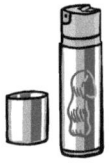

la laque pour cheveux

اسپری مو

le fond de teint

أرایش

le rouge à lèvres

لب سرین

le vernis à ongles

رنگ ناخن

l'ouate

پشم پنبه

le coupe-ongles

ناخن گیر

le parfum

عطر

la trousse de toilette

کیسه شستشو

le tabouret

چوکی چار پایه

le pèse-personne

ترازوی وزن

le peignoir

جان پاک

les gants de nettoyage

دستکش پلاستیکی

le tampon

تامپون

les serviettes hygiéniques

کوتکس

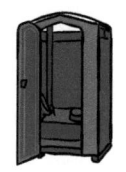

la toilette chimique

تشناب سیار

la chambre d'enfant

اطاق اطفال

le réveil
ساعت زنگ دار
le doudou
گدی های نرم
la voiture jouet
موتر سامان بازی
le hochet
جرنگانه
la maison de poupée
خانه گدی
le cadeau
هدیه

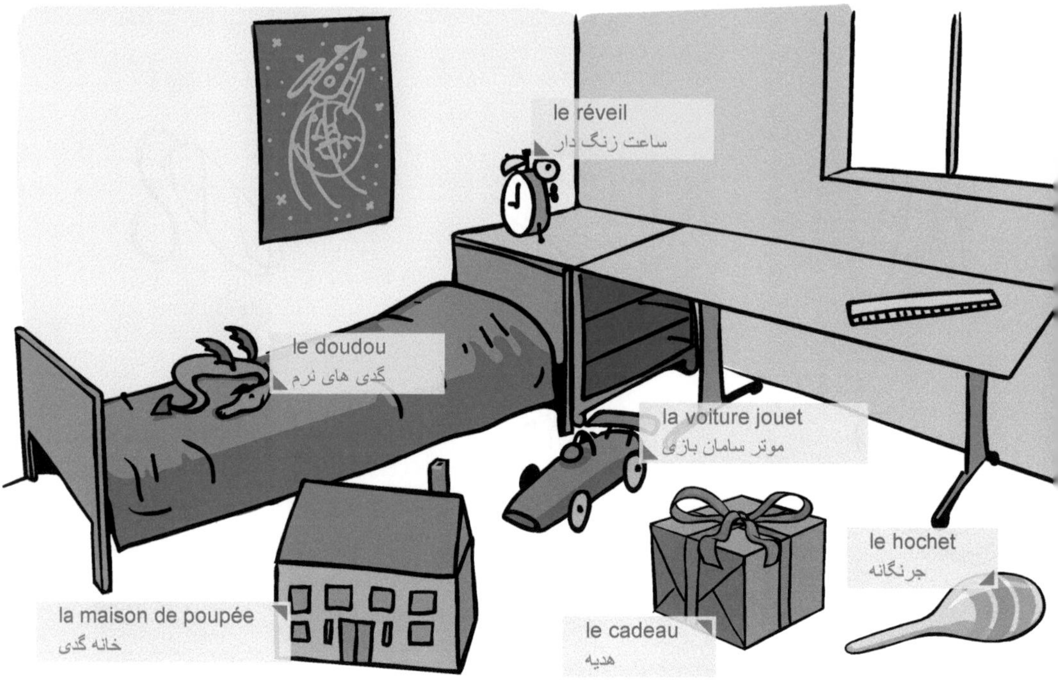

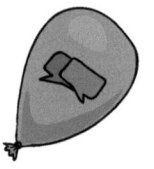

le ballon

پوقانه

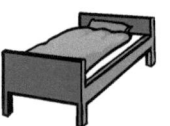

le lit

تختخواب

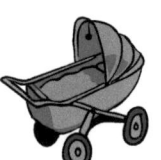

la poussette

ریکشه اطفال

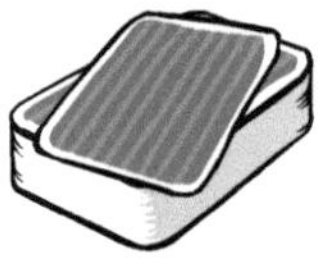

le jeu de cartes

قطعه بازی

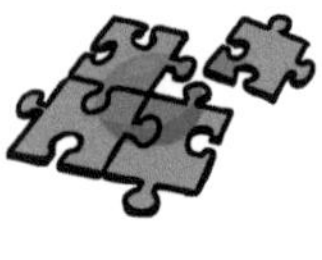

le puzzle

پازل

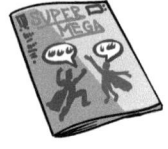

la bande dessinée

خنده آور

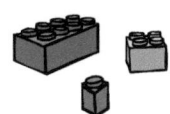

les pièces lego

خشت های لگو

les blocs de construction

بلوک های سامان بازی

la figurine

پچه فلم

la grenouillère

لباس طفل

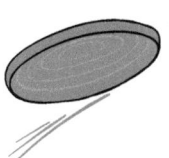

le frisbee

فریزبی

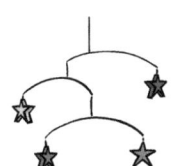

le mobile

سامان بازی که روی تخت خواب اطفال
اویزان می شود

le jeu de société

بازی تخته یی

le dé

تاس

le train miniature

ریل اسباب بازی

la sucette

چوشک

la fête

مهمانی

le livre d'images

کتاب تصویری

la balle

توپ

la poupée

گدیگک

jouer

بازی کردن

le bac à sable

جعبه ریگ

la balançoire

گاز

les jouets

اسباب بازی

la console de jeu

کنسول بازی کمپیوتری

le tricycle

سه چرخه

l'ours en peluche

خرس سامان بازی

l'armoire

الماری لباس

les chaussettes

جوراب

les bas

جوراب دراز

le collant

برجس

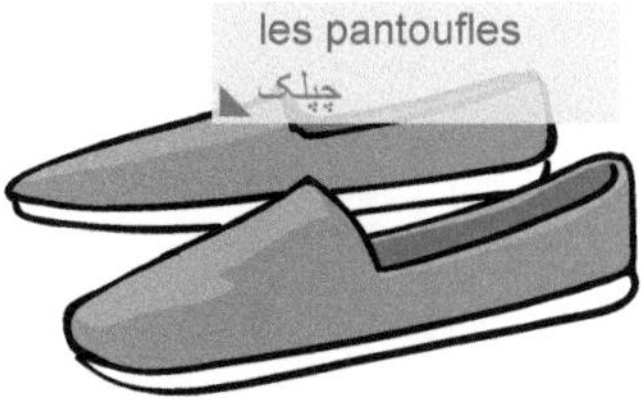

l'écharpe
چادر سر

le parapluie
چتری

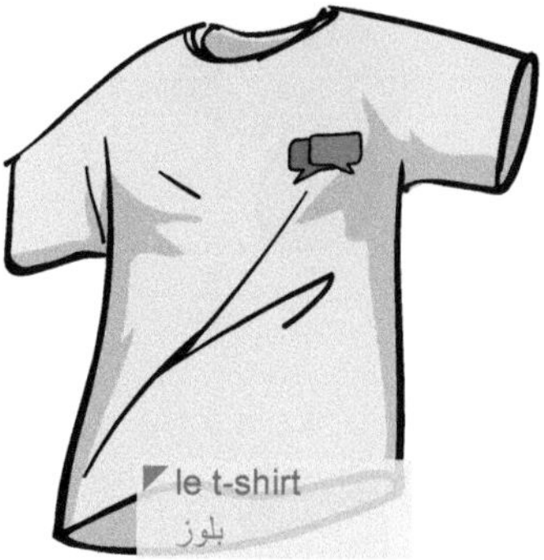

le t-shirt
بلوز

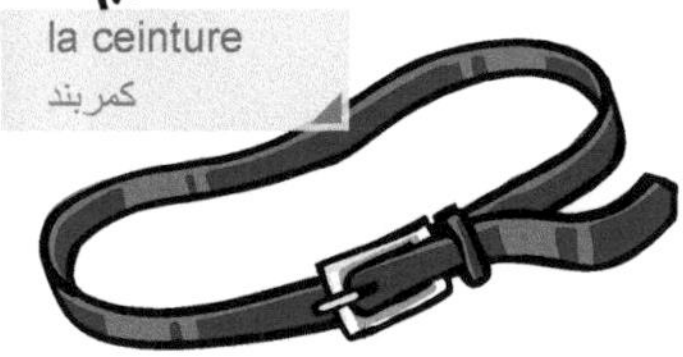

la ceinture
کمربند

les bottes
بوت

les pantoufles
چپلک

les baskets
کرمچ

les sandales

چپلی

les chaussures

بوت

les bottes de caoutchouc

موزه پلاستیکی

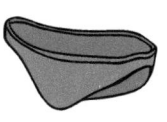

les sous-vêtements

نیکر

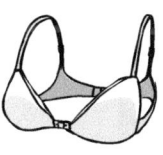

le soutien-gorge

واسکت زنانه

le maillot de corps

واسکت

le body

بدن

le pantalon

برزو

le jean

پتلون کاوبای

la jupe

دامن

le chemisier

بلوز

la chemise

پیراهن

le pull

یالان

le sweat à capuche

جاکت کلاه دار

la veste

جاکت

la veste

چمپر

le manteau

کورتی

l'imperméable

کوت بارانی

le costume

لباس مخصوص مراسم

la robe

پیراهن

la robe de mariée

لباس عروسی

le costume

دریشی

la chemise de nuit

لباس خواب

le pyjama

پاجامه

le sari

ساری

le foulard

چادر سر

le turban

لنگی

la burqa

چادری

le caftan

کفتان

l'abaya

چادر

le maillot de bain

لباس آببازی

le maillot de bain

نیکر پاچه دار

le short

پتلون نصفه

la tenue d'entraînement

لباس ورزشی

le tablier

پیش بند

les gants

دستکش

le bouton

دکمه

les lunettes

عینک

le bracelet

دستبند

le collier

گردن بند

la bague

انگشتر

la boucle d'oreille

گوشواره

le bonnet

کلاه پیک دار

le cintre

کوت بند

le chapeau

کلاه

la cravate

نیکتایی

la fermeture éclair

زیپ

le casque

کلاه مصون

les bretelles

بند تنبان

l'uniforme scolaire

یونیفورم مکتب

l'uniforme

یونیفورم

le bavoir

پیش بند

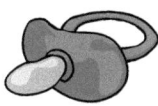

la sucette

چوشک

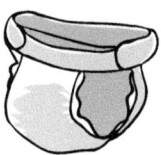

la lange

پمپر

le bureau

دفتر

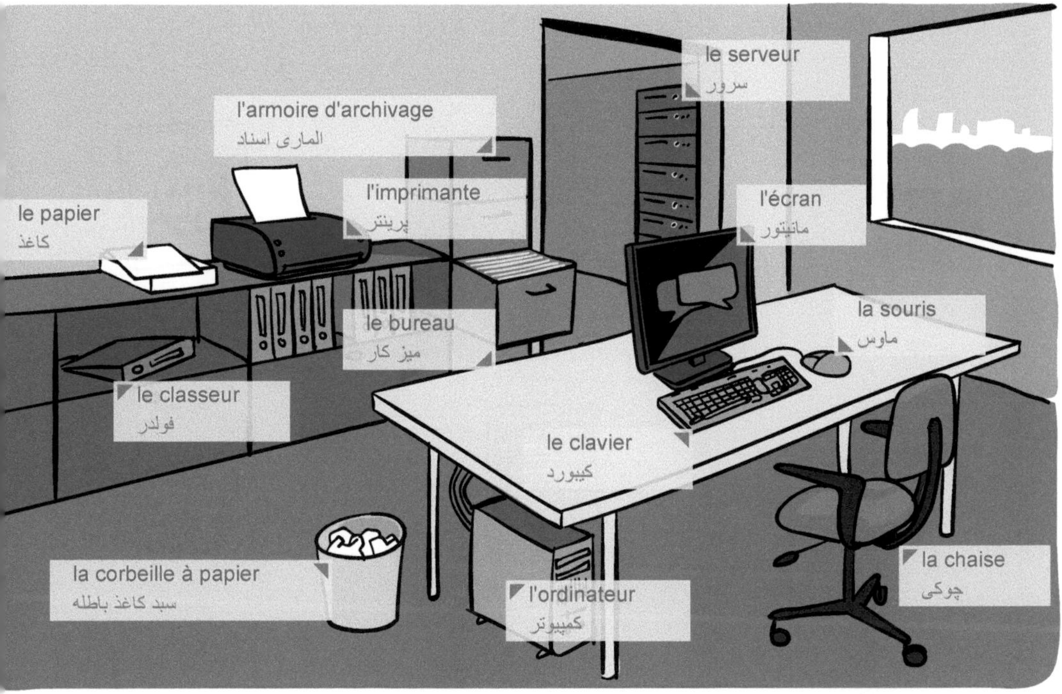

le serveur
سرور

l'armoire d'archivage
الماری اسناد

l'imprimante
پرینتر

le papier
کاغذ

l'écran
مانیتور

le bureau
میز کار

la souris
ماوس

le classeur
فولدر

le clavier
کیبورد

la corbeille à papier
سبد کاغذ باطله

l'ordinateur
کمپیوتر

la chaise
چوکی

la tasse de café

گیلاس قهوه

la calculatrice

ماشین حساب

l'internet

اینترنت

l'ordinateur portable

لپ تاپ

la lettre

نامه

le message

پیام

le portable

موبایل

le réseau

شبکه

la photocopieuse

ماشین فوتوکاپی

le logiciel

نرم افزار

le téléphone

تلیفون

la prise

پلک

le fax

دستگاه فکس

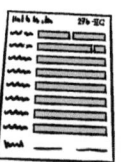

le formulaire

فورمه

le document

سند

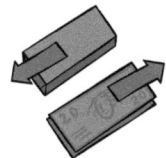

acheter

خرید کردن

payer

پرداختن

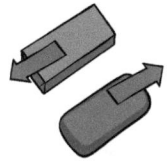

faire du commerce

تجارت کردن

la monnaie

پول

le dollar

دالر

l'euro

یورو

le yen

ین

le rouble

روبل

le franc suisse

فرانک سوئیس

le renminbi yuan

یوان رنمینبی

la roupie

روپیه

le distributeur automatique

خودپرداز

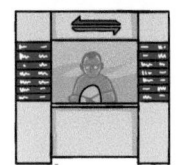

le bureau de change

دفتر صرافى

l'or

طلا

l'argent

نقره

le pétrole

نفت

l'énergie

انرژى

le prix

قیمت

le contrat

قرارداد

la taxe

ماليات

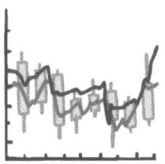

l'action

سهام

travailler

کار کردن

l'employé

کارمند

l'employeur

استخدام کننده

l'usine

فابریکه

le magasin

مغازه

les professions

شغل ها

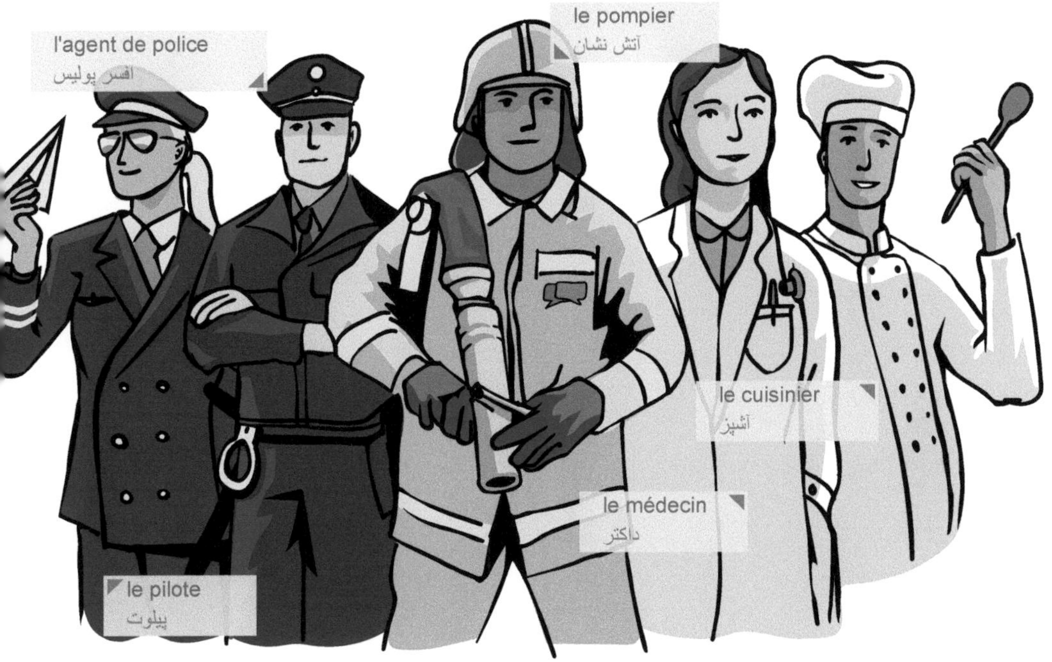
l'agent de police
افسر پولیس
le pompier
آتش نشان
le cuisinier
آشپز
le médecin
داکتر
le pilote
پیلوت

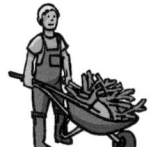

le jardinier

باغبان

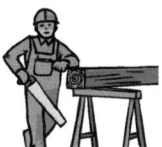

le menuisier

نجار

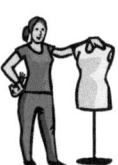

la couturière

خیاط

le juge

قاضی

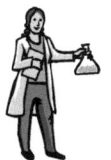

le chimiste

کیمیا دان

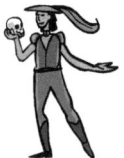

l'acteur

بازیگر

le conducteur de bus

راننده بس

le chauffeur de taxi

راننده تکسی

le pêcheur

ماهیگیر

la femme de ménage

خدمه

le couvreur

سقف ساز

le serveur

پیشخدمت

le chasseur

شکارچی

le peintre

نقاش

le boulanger

نانوا

l'électricien

برقی

l'ouvrier

بنا

l'ingénieur

انجنیر

le boucher

قصاب

le plombier

نلدوان

le facteur

پستچی

le soldat

سرباز

l'architecte

معمار

le caissier

صندوقدار

le fleuriste

گل فروش

le coiffeur

آرایشگر

le contrôleur

مامور تکت ریل

le mécanicien

میخانیک

le capitaine

کاپیتان

le dentiste

داکتر دندان

le scientifique

دانشمند

le rabbin

خاخام/ عالم یهودی

l'imam

امام

le moine

راهب

le prêtre

ملا

les outils

ابزار

le marteau
چکش
les pinces
پلاس
le tournevis
پیچ کش
la clé
رینچ
la torche
چراغ دستی

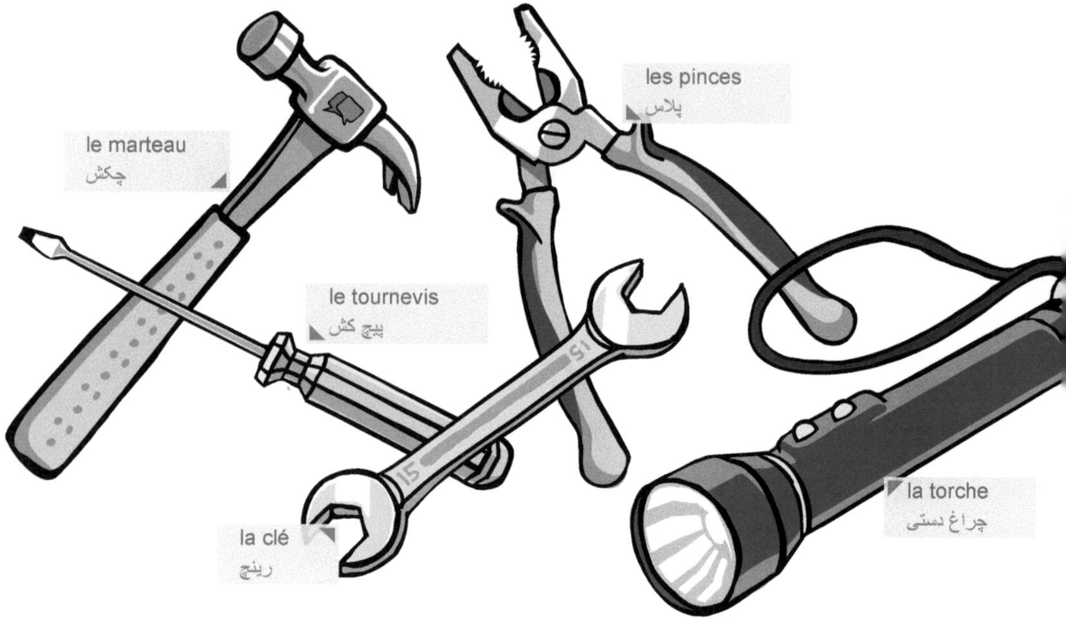

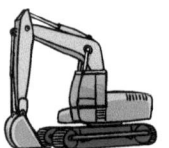

la pelleteuse

ماشین حفاری

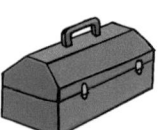

la boîte à outils

جعبه ابزار

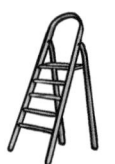

l'échelle

زینه

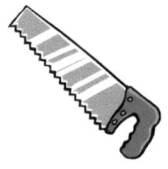

la scie

اره

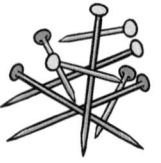

les clous

میخ

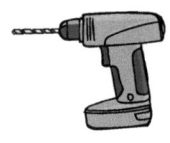

la perceuse

برمه

réparer

ترمیم کردن

la pelle

بیل

Mince !

لعنتی!

la pelle

خاکروبه

le pot de peinture

سطل رنگ

les vis

پیچ

les instruments de musique

آلات موسیقی

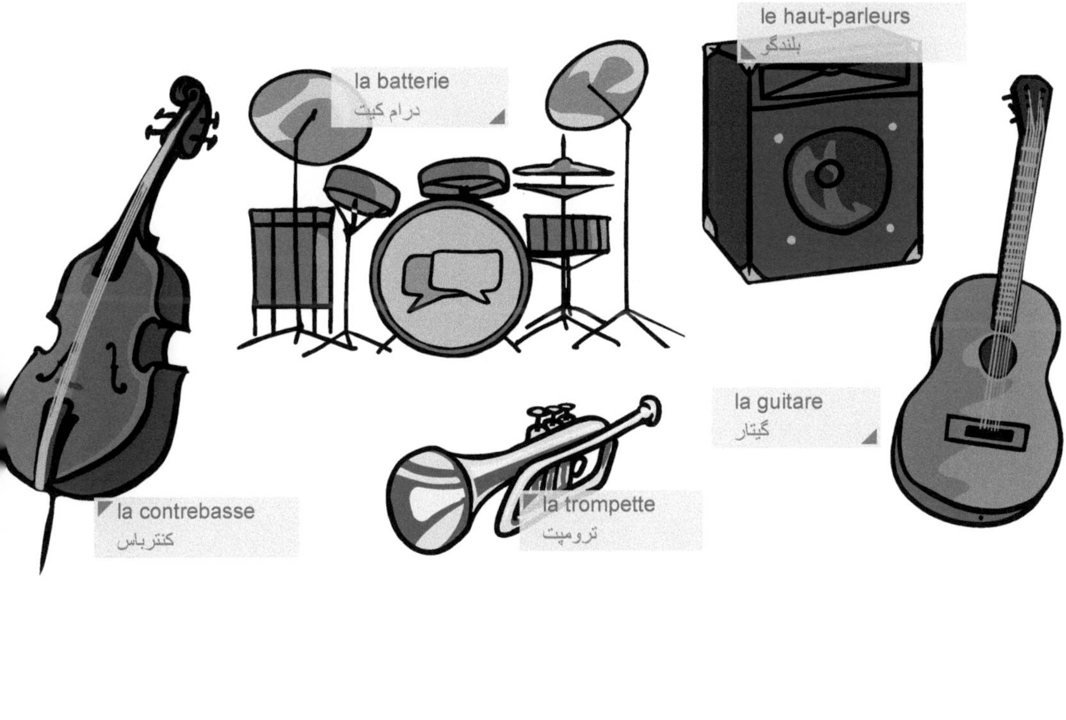

le haut-parleurs
بلندگو

la batterie
درام کیت

la guitare
گیتار

la contrebasse
کنترباس

la trompette
ترومپت

le piano

پیانو

le violon

وایلن

la basse

گیتار بیس

les timbales

دهل

le tambour

دول

le piano électrique

پیانوی برقی

le saxophone

ساکسوفون

la flûte

توله

le microphone

میکروفون

le zoo
باغ وحش

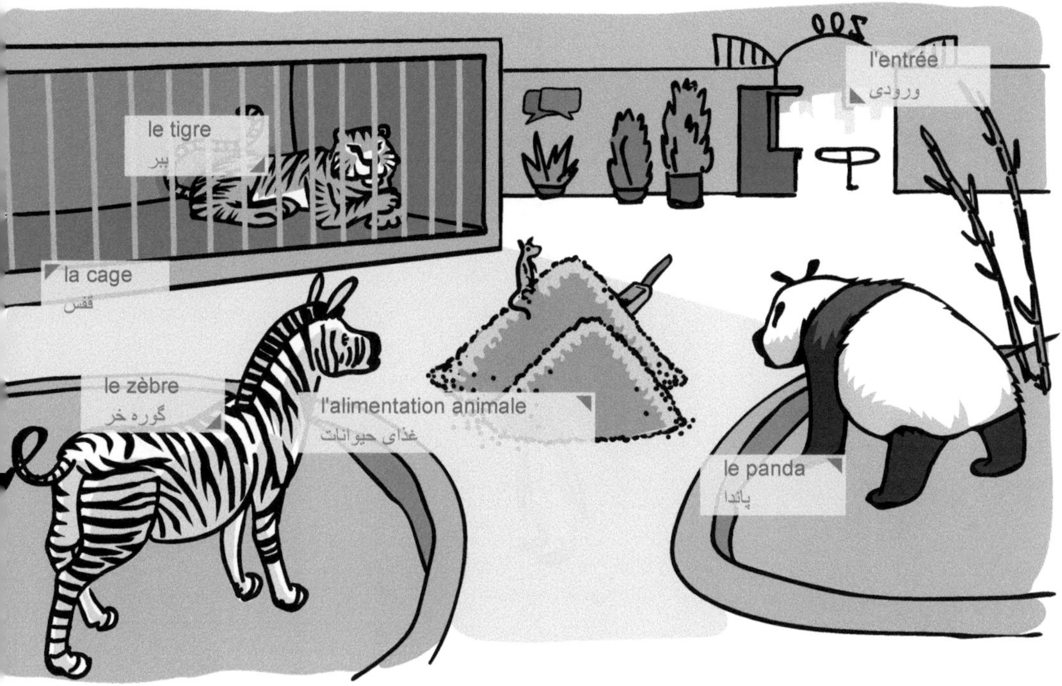
l'entrée
ورودی
le tigre
ببر
la cage
قفس
le zèbre
گوره خر
l'alimentation animale
غذای حیوانات
le panda
پاندا

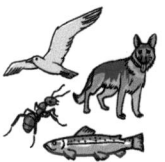

les animaux
حیوانات

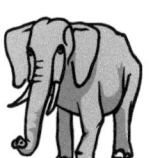

l'éléphant
فیل

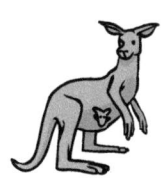

le kangourou
کانگورو

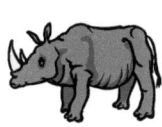

le rhinocéros
غژ گاو

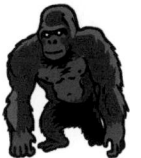

le gorille
گوریلا

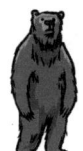

l'ours
خرس

le chameau

شتر

l'autruche

شترمرغ

le lion

شیر

le singe

میمون

le flamand rose

فلامینگو

le perroquet

طوطی

l'ours polaire

خرس قطبی

le pingouin

پنگوئن

le requin

کوسه

le paon

طاووس

le serpent

مار

le crocodile

تمساح

le gardien de zoo

نگهبان باغ وحش

le phoque

سگ آبی

le jaguar

پلنگ خالدار امریکایی

le poney

اسب کوچک

le léopard

پلنگ

l'hippopotame

اسب آبی

la girafe

زرافه

l'aigle

عقاب

le sanglier

خوک وحشی

le poisson

ماهی

la tortue

سنگ پشت

le morse

شیر دریایی

le renard

روباه

la gazelle

غزال

les sports
ورزش ها

l'american Football
فوتبال امریکایی

le cyclisme
بایسکل سواری

le tennis
تنیس

le basket-ball
باسکتبال

la natation
آب بازی

la boxe
بوکس

le hockey sur glace
هاکی روی یخ

le football
فوتبال

le badminton
بدمینتون

l'athlétisme
ورزشکاری

le handball
هندبال

le ski
اسکی

le polo
پولو

les activités
فعالیت ها

rire
خندیدن
sauter
خیز زدن
embrasser
بغل کردن
marcher
راه رفتن
chanter
خواندن
rêver
خواب دیدن
prier
دعا کردن
faire la bise
بوسیدن

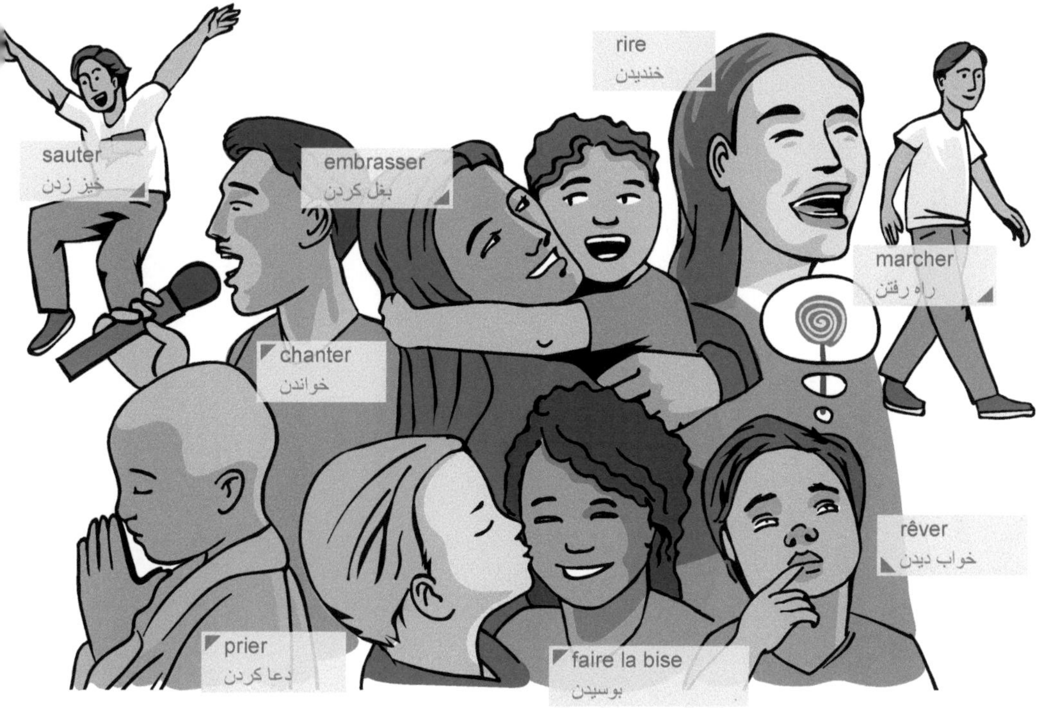

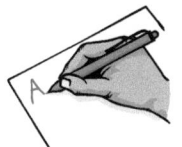

écrire
نوشتن

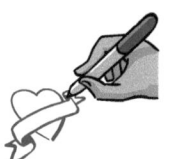

dessiner
کشیدن

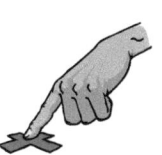

montrer
نشان دادن

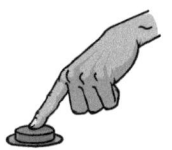

pousser
تیله کردن

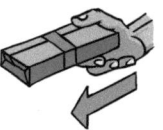

donner
دادن

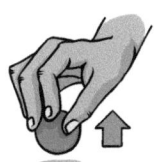

prendre
گرفتن

avoir

داشتن

faire

انجام دادن

être

بودن

être debout

ایستادن

courir

دویدن

trier

کش کردن

jeter

پرتاب کردن

tomber

افتادن

être couché

دروغ گفتن

attendre

صبر کردن

porter

حمل کردن

être assis

نشستن

s'habiller

لباس پوشیدن

dormir

خوابیدن

se réveiller

بیدار شدن

regarder

نگاه کردن

pleurer

گریه کردن

caresser

ضربه زدن

peigner

شانه کردن

parler

صحبت کردن

comprendre

فهمیدن

demander

پرسیدن

écouter

گوش دادن

boire

نوشیدن

manger

خوردن

ranger

مرتب کردن

aimer

عشق ورزیدن

cuire

پختن

conduire

راننده گی کردن

voler

پرواز کردن

faire de la voile

روی آب حرکت کردن

calculer

حساب کردن

lire

خواندن

apprendre

یاد گرفتن

travailler

کار کردن

se marier

ازدواج کردن

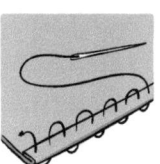

coudre

دوختن

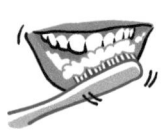

brosser les dents

برس کردن دندان ها

tuer

کشتن

fumer

سگریت کشیدن

envoyer

فرستادن

la grand-mère
مادرکلان

le grand-père
پدرکلان

le père
پدر

la mère
مادر

le bébé
نوزاد

la fille
دختر

le fils
پسر

l'hôte

مهمان

la tante

عمه / خاله

l'oncle

ماما/کاکا

le frère

برادر

la sœur

خواهر

le corps

بدن

le front
پیشانی
l'œil
چشم
l'épaule
شانه
le doigt
انگشت
le visage
روی
le menton
زنخ
la main
دست
la jambe
پا
la poitrine
سینه
le bras
بازو

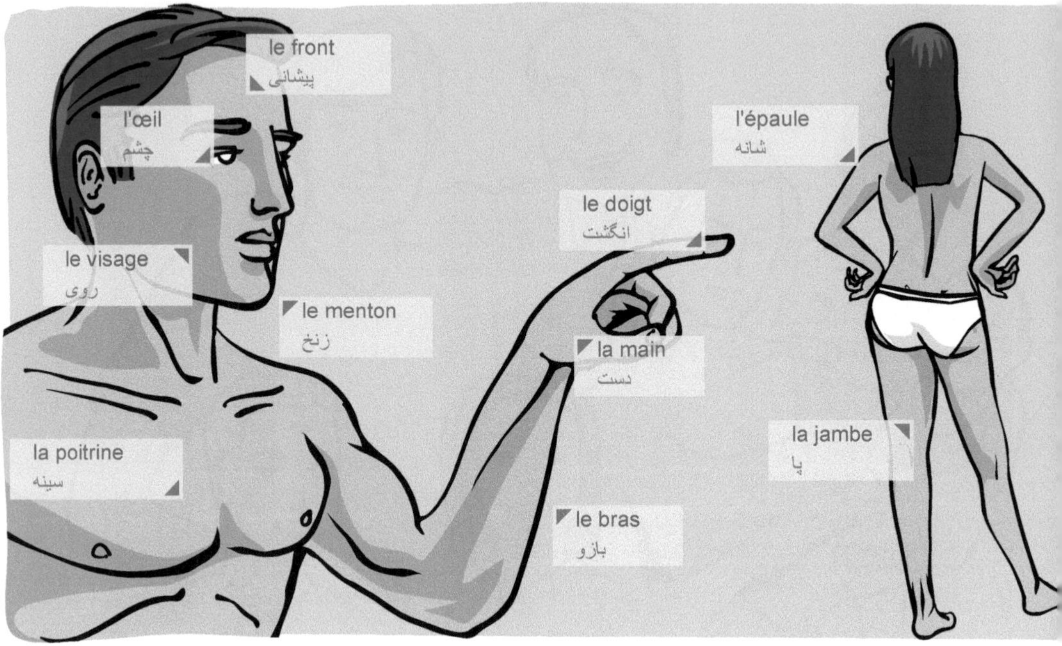

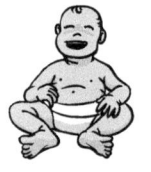

le bébé
نوزاد

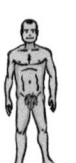

l'homme
مرد

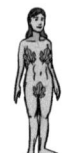

la femme
زن

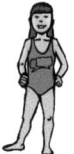

la fille
دختر

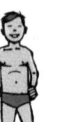

le garçon
پسر

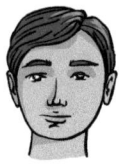

la tête
سر

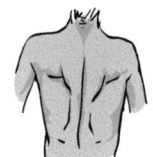

le dos

كمر

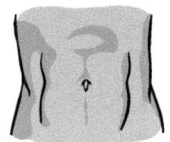

le ventre

شكم

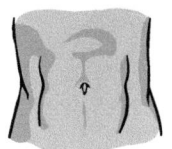

le nombril

ناف

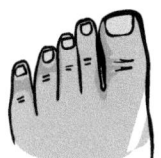

l'orteil

انگشت پا

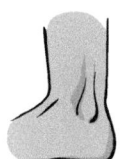

le talon

كوری پای

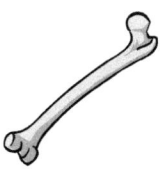

l'os

استخوان

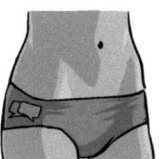

la hanche

كمر

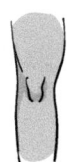

le genou

زانو

le coude

أرنج

le nez

بینی

les fesses

سرین

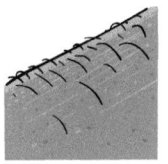

la peau

پوست

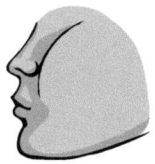

la joue

كومه

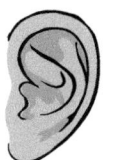

l'oreille

گوش

la lèvre

لب

la bouche

دهان

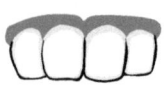

la dent

دندان

la langue

زبان

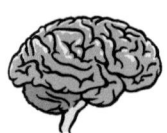

le cerveau

مغز

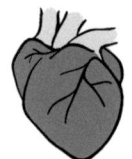

le cœur

قلب

le muscle

عضله

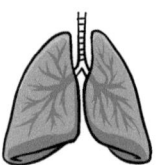

les poumons

شش

le foie

جگر

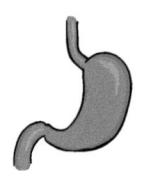

l'estomac

معده

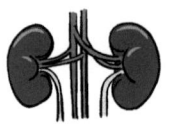

les reins

گرده

le rapport sexuel

رابطه جنسی

le préservatif

کاندوم

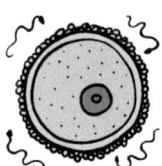

l'ovule

تخمه

le sperme

آب منی

la grossesse

حاملگی

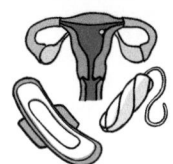

la menstruation

قاعده گی

le vagin

مجرای تناسلی زن

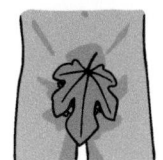

le pénis

آلت تناسلی مرد

le sourcil

ابرو

les cheveux

مو

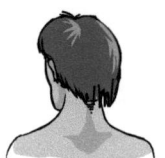

le cou

گردن

l'hôpital

شفاخانه

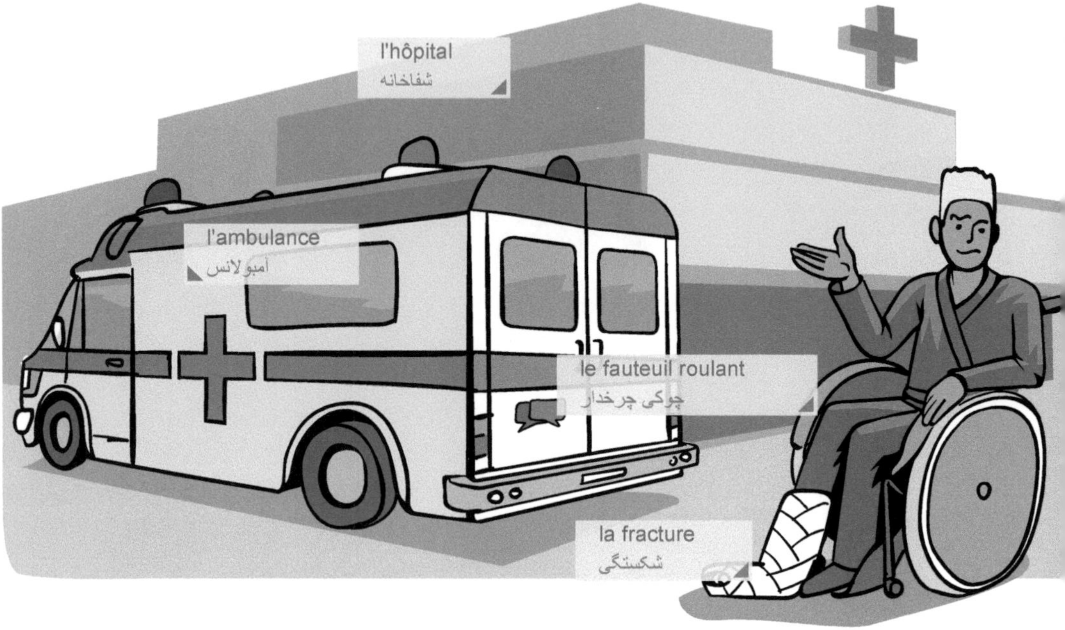

l'hôpital
شفاخانه
l'ambulance
امبولانس
le fauteuil roulant
چوکی چرخدار
la fracture
شکستگی

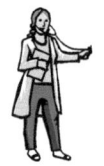

le médecin

داکتر

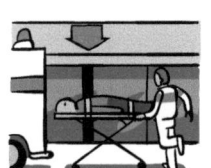

le service des urgences

اطاق عاجل

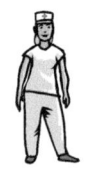

l'infirmière

نرس

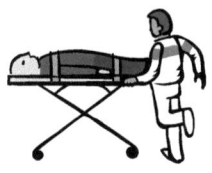

l'urgence

عاجل

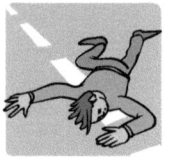

inconscient

بیهوش

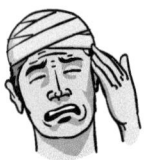

la douleur

درد

la blessure

جراحت

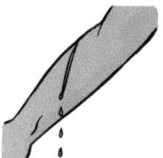

l'hémorragie

خونریزی

la crise cardiaque

حمله قلبی

l'attaque cérébrale

سکته مغزی

l'allergie

حساسیت

la toux

سرفه

la fièvre

تب

la grippe

انفلوانزا

la diarrhée

اسهال

le mal de tête

سردرد

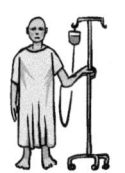

le cancer

سرطان

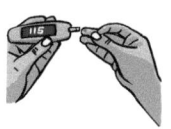

le diabète

شکر

le chirurgien

جراح

le scalpel

چاقوی جراحی

l'opération

عملیات

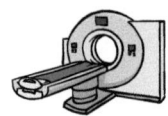

le CT

سی تی

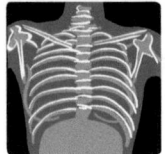

la radiographie

ایکسری

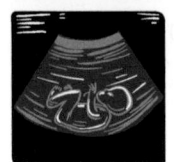

l'échographie

سونوگرافی

le masque

ماسک روی

la maladie

مریضی

la salle d'attente

اطاق انتظار

la béquille

عصا

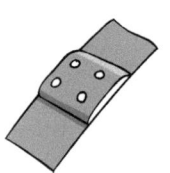

le pansement

گچ

le pansement

پانسمان

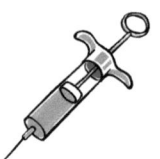

l'injection

تزریق

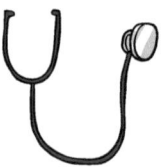

le stéthoscope

استاتسکوپ

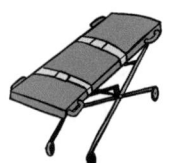

le brancard

تذکره

le thermomètre

ترمامیتر کلینیکی

l'accouchement

تولد

la surcharge pondérale

اضافه وزن

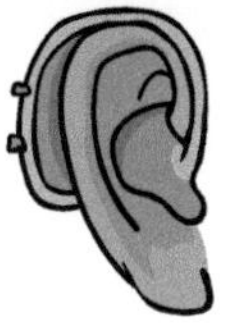

l'appareil auditif

سمعک

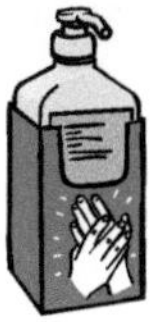

le désinfectant

ضدعفونی کننده

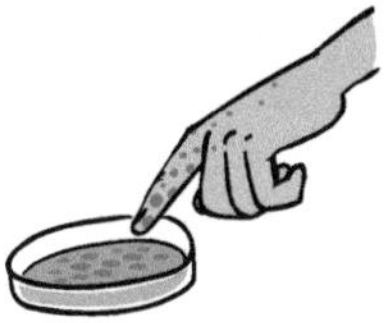

l'infection

عفونت

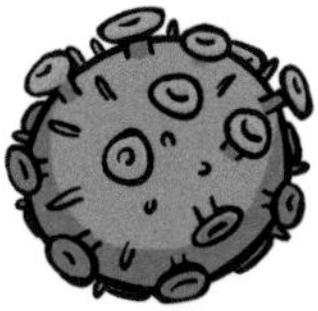

le virus

وایروس

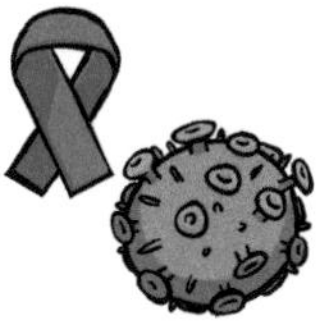

le VIH / le sida

اچ آی وی / ایدز

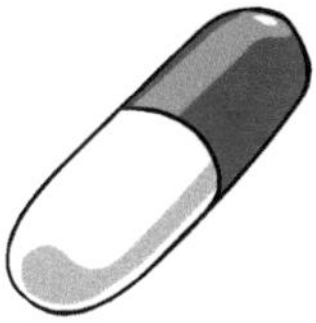

le médicament

ادویه

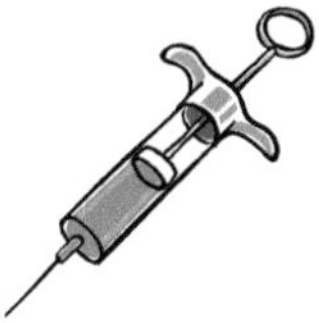

la vaccination

واکسیناسیون

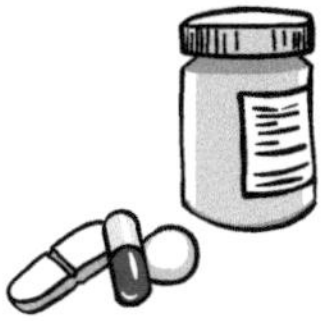

les comprimés

تابلیت ها

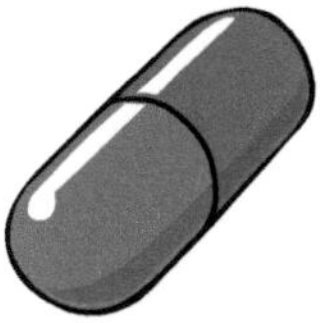

la pilule

تابلیت

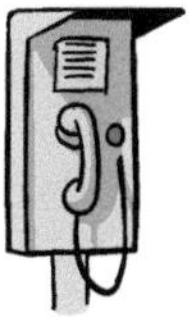

l'appel d'urgence

تماس اضطراری

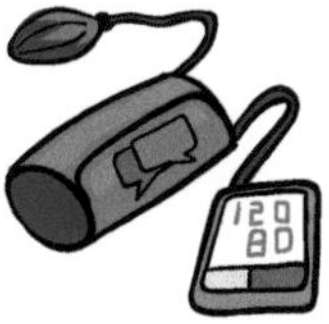

le tensiomètre

مانیتور فشار خون

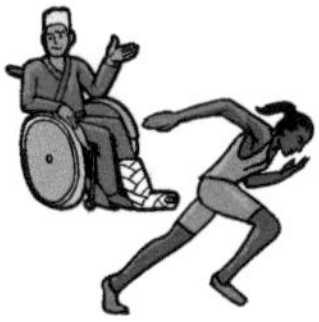

malade / sain

بیمار / سالم

l'alarme
....
زنگ هشدار

l'assaut
....
تجاوز

Au secours !
....
کمک!

l'attaque
....
حمله

le danger
....
خطر

la sortie de secours
....
خروج اضطراری

Au feu!
....
آتش!

l'extincteur
....
آله ضد حریق

l'accident
....
حادثه

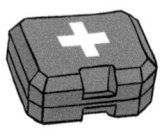

la trousse de premier
secours
....
بکسه کمک های اولیه

SOS
....
پیام اضطراری

la police
....
پولیس

l'Europe

اروپا

l'Amérique du Nord

امریکای شمالی

l'Amérique du Sud

امریکای جنوبی

l'Afrique

آفریقا

l'Asie

آسیا

l'Australie

استرالیا

l'Océan atlantique

اقیانوس اطلس

l'Océan pacifique

اقیانوس آرام

l'Océan indien

اقیانوس هند

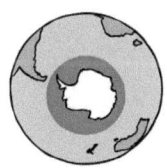

l'Océan antarctique

اقیانوس منجمد جنوبی

l'Océan arctique

اقیانوس منجمد شمالی

le Pôle nord

قطب شمال

le Pôle sud

قطب جنوب

l'Antarctique

قاره قطب جنوب

la terre

زمین

le pays

خشکی

la mer

دریا

l'île

جزیره

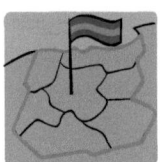

la nation

ملت

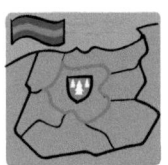

l'état

کشور

le cadran

روی ساعت

l'aiguille des heures

عقربه ساعت شمار

l'aiguille des minutes

عقربه دقیقه شمار

l'aiguille des secondes

عقربه ثانیه شمار

Quelle heure est-il ?

ساعت چند است؟

le jour

روز

le temps

زمان

maintenant

اکنون

la montre digitale

ساعت دستی دیجیتل

la minute

دقیقه

l'heure

ساعت

la semaine

هفته

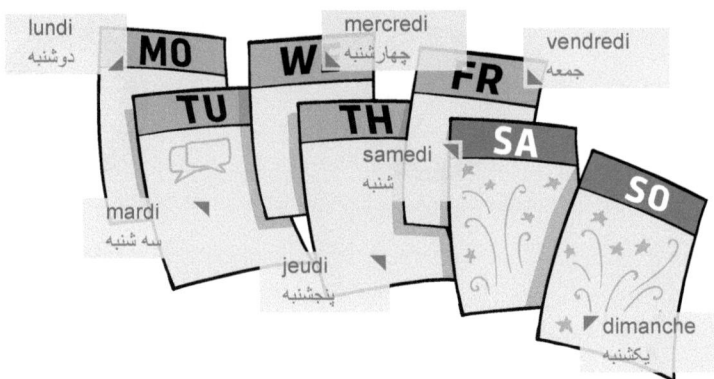

lundi
دوشنبه

mercredi
چهارشنبه

vendredi
جمعه

mardi
سه شنبه

samedi
شنبه

jeudi
پنجشنبه

dimanche
یکشنبه

hier

دیروز

aujourd'hui

امروز

demain

فردا

le matin

صبح

le midi

ظهر

le soir

غروب

les jours ouvrables

روزهای کاری

le week-end

أخر هفته

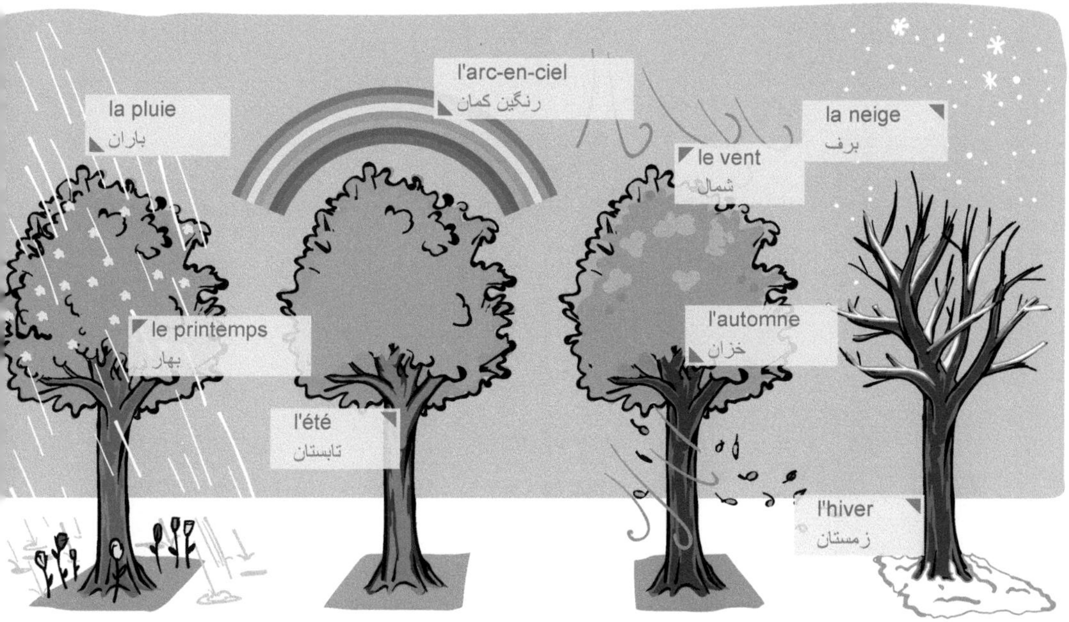

l'arc-en-ciel
رنگین کمان
la pluie
باران
la neige
برف
le vent
شمال
le printemps
بهار
l'automne
خزان
l'été
تابستان
l'hiver
زمستان

4.APRIL 11°
5.APRIL 4°
6.APRIL 13°
7.APRIL 8°
8.APRIL 10°

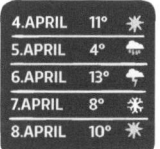

la météo

پیش بینی آب و هوا

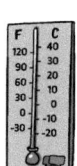

le thermomètre

ترمامیتر

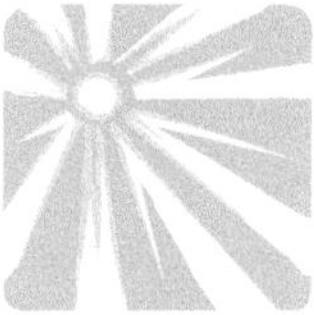

la lumière du soleil

آفتاب

le nuage

ابر

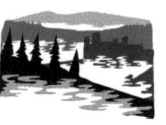

le brouillard

غبار

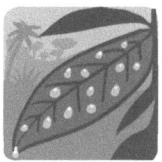

l'humidité

رطوبت

la foudre

رعد و برق

la tonnerre

الماسک

la tempête

طوفان

la grêle

ژاله

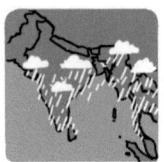

la mousson

موسم بارندگی

l'inondation

سیل

la glace

یخ

janvier

جنوری

février

فبروری

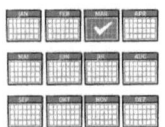

mars

مارچ

avril

اپریل

mai

می

juin

جون

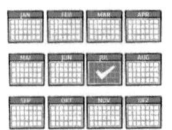

juillet

جولای

août

اگست

septembre

سپتمبر

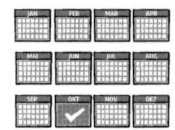

octobre

اکتوبر

novembre

نومبر

décembre

دسمبر

les formes

شکل ها

le cercle

دایره

le carré

مربع

le rectangle

مستطیل

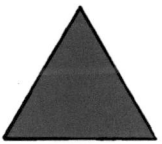

le triangle

مثلث

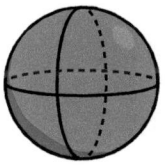

la sphère

کره

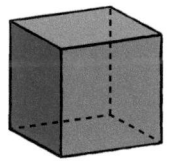

le cube

مکعب

blanc

سفید

jaune

زرد

orange

نارنجی

rose

گلابی

rouge

سرخ

violet

بنفش

bleu

آبی

vert

سبز

marron

نصواری/قهوه یی

gris

خاکستری

noir

سیاه

beaucoup / peu

زیاد / کم

fâché / calme

عصبانی / آرام

joli / laid

مقبول / بدرنگ

le début / la fin

آغاز / پایان

grand / petit

بزرگ / کوچک

clair / obscure

روشن / تیره

frère / soeur

برادر / خواهر

propre / sale

پاک / کثیف

complet / incomplet

کامل / ناقص

le jour / la nuit

روز / شب

mort / vivant

مرده / زنده

large / étroit

عریض / باریک

comestible / incomestible

خوراکی / غیر خوراکی

méchant / gentil

عصبانی / دوستانه

excité / ennuyé

هیجان زده / کسل

gros / mince

چاق / لاغر

le premier / le dernier

اول / آخر

l'ami / l'ennemi

دوست / دشمن

plein / vide

پر / خالی

dur / souple

سخت / نرم

lourd / léger

سنگین / سبک

faim / soif

گرسنگی / تشنگی

malade / sain

بیمار / سالم

illégal / légal

غیر قانونی / قانونی

intelligent / stupide

باهوش / احمق

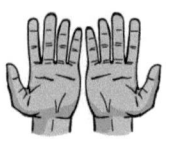

gauche / droite

چپ / راست

proche / loin

نزدیک / دور

nouveau / usé

نو / کهنه

rien / quelque chose

هیچ چیز / چیزی

vieux / jeune

پیر / جوان

marche / arrêt

روشن / خاموش

ouvert / fermé

باز / بسته

faible / fort

بی صدا / پر سر و صدا

riche / pauvre

ثروتمند / فقیر

correct / incorrect

صحیح / غلط

rugueux / lisse

ناهموار / هموار

triste / heureux

غمگین / خوشحال

court / long

کوتاه / بلند

lent / rapide

آهسته / سریع

mouillé / sec

تَر / خشک

chaud / froid

گرم / سرد

la guerre / la paix

جنگ / صلح

les nombres

اعداد

0	**1**	**2**
zéro	un / une	deux
صفر	یک	دو
3	**4**	**5**
trois	quatre	cinq
سه	چهار	پنج
6	**7**	**8**
six	sept	huit
شش	هفت	هشت
9	**10**	**11**
neuf	dix	onze
نه	ده	یازده

12

douze

دوازده

13

treize

سیزده

14

quatorze

چهارده

15

quinze

پانزده

16

seize

شانزده

17

dix-sept

هفده

18

dix-huit

هجده

19

dix-neuf

نوزده

20

vingt

بیست

100

cent

صد

1.000

mille

هزار

1.000.000

le million

میلیون

l'anglais

انگلیسی

l'anglais américain

انگلیسی امریکایی

le chinois mandarin

چینی ماندارین

le hindi

هندی

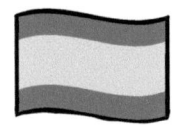

l'espagnol

اسپانیایی

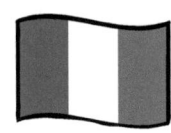

le français

فرانسوی

l'arabe

عربی

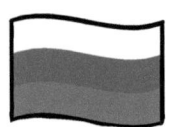

le russe

روسی

le portugais

پرتغالی

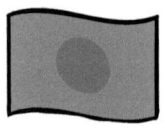

le bengali

بنگالی

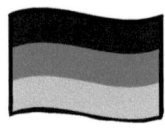

l'allemand

آلمانی

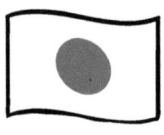

le japonais

جاپانی

je

من

tu

شما

il / elle / ce, c', cela

او / او / آن

nous

ما

vous

شما

ils / elles

آن ها

Qui ?

کی؟

Quoi ?

چی؟

Comment ?

چطور؟

Où ?

کجا؟

Quand ?

چه وقت؟

le nom

اسم

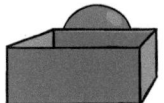

derrière

عقب

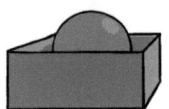

dans

در

devant

پیش روی

au-dessus

بالا

sur

روی

en-dessous

زیر

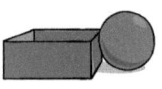

à côté de

پهلو

entre

میان

le lieu

محل